Somali Elders
Portraits from Wales

Photographs and text by Glenn Jordan
with the assistance of Akli Ahmed and Abdi Arwo

Odeyada Soomaalida
Muuqaalo ka yimid Welishka

Waxa Sawiray Qorayna Glenn Jordan
Waxa Caawiyey Cabdirisak Caqli iyo Cabdi Carwo

Published to accompany the exhibition
Somali Elders: Portraits from Wales
20 July –3 October 2004

© Glenn Jordan and Butetown History & Arts Centre,
2004

ISBN 1 898317 13 5

Publication design by Bergman & Young
Printed and bound in Wales by Scanagraphics.

Butetown History & Arts Centre
4/5 Dock Chambers
Bute Street
Cardiff CF10 5AG
Tel: 029 2025 6757
www.bhac.org

Waxa loo daabacay si uu mar ula soo boxo Carwada
Odeyada *Soomaalida; Muqaalo ka yimid Welishka oo soconaya laga
bilaabo*
20 July 2004 ilaa 3 Oktoobar 2004.

© Glenn Jordan iyo Rugta Taariikhda iyo Farshaxanka
2004

ISBN 1 898317 13 5

Daabacaaadan waxa farshaxankeeda iska leh Bergman &
Young
Waxa lagu rogay la iskuna dhejiyey Welishka guduhiisa,
shirkada Scanagraphics

Butetwon History & Arts Centre
4/5 Dock Chambers
Bute Street
Cardiff
CF10 5AG
Tel: 029 2025 6757
www.bhac.org

Somali Elders
Portraits from Wales

Odeyada Soomaalida
Muuqaalo ka yimid Welishka

ISMAEL ALI GASS
ISMAACIIL CALI GAAS (MAHDI)

This book is dedicated to the memory of Abdi Nuur Aylo.

Buuggan waxa lagu sharfayaa laguna xusayaa Cabdi Nuur Caylo.

This picture was taken at the Butetown Carnival 1983, when Abdi Gurri was the oldest Somali in Wales. He died in 1992, aged approximately 100.

Sawirkan waxa la qaaday sanadkii 1983 oo lagu qaaday Kaarnafaalka Butetown kolkaas oo uu Cabdi Guray ahaa ninkii ugu da'da weynaaSoomaalida deganayd Welishka. Wuxuu dhintay Sanadkii 1992, oo uu ahaa ku dhowaad 100 jir.

Foreword

Somali Elders: Portraits from Wales is a very special and important book. It is the first of its kind in the UK. Through striking portraits, powerful essays and evocative material from interviews, the book records and celebrates a unique history and presence. I am privileged to write this foreword.

There has been a Somali presence in the UK for over 100 years and a long-established community in south Wales dating back four generations. Many of these Elders worked for 40 years or more, both in heavy industry and in the Merchant Navy. Some of them served Britain in the two world wars and in the Falklands. They have contributed to the economic and social well-being of the UK. Nonetheless, this is the first time that their history has been documented.

I hope this bilingual publication, in English and Somali, will contribute to breaking down barriers between the Somali community and the wider society, both in the UK and throughout the world. I hope it will further contribute to positive images of the Somali community and serve as a significant resource for multi-cultural and anti-racist education.

Finally, I wish to pay tribute to Glenn Jordan, whom I have known for more than 17 years, since he came from the USA to Cardiff docklands to do research. Working with local people, he has established a first-class resource for the community. He has been a true role model for the younger generation. His work has led to the preservation of the history of a unique, multi-ethnic community, a history that would otherwise have been lost forever. Butetown History & Arts Centre—the centre that he directs—stages important exhibitions and carries out research and educational work. It also produces publications, among them this present book.

The Somali community in South Wales is grateful to Butetown History & Arts Centre for doing this important work. I warmly recommend this book to a wide readership.

Abdikarim Abdi Adan
Director, Somali Advice & Information Centre, Cardiff

Abdikarim Abdi Adan
Cabdikarim Cabdi Aadan

Gudbin

Odeyada Soomalida: Muqaalo ka yimid Welishku waa buug muhiima oo aad u heer sareeya. Waa mid aan mid la midi hore uga soo bixin wadankan UK. Muuqaalo xiiso badan, curisyo xoogan, Wareysiyo xasuus kicin leh, buugani wuxuu ururinayaa oo uu u dabaaldegayaa taariikh keliyaale ah iyo joogitaanba. Waxaan ku riyaaqsanahay inaan fursad u helay inaan qoro.

Soomaaldiu waxay wadankan Boqortooyada Midoowday ku sugnayd in ka badan 100 sanadood oo ay ku sugnaayeen koonfurta Welishka ilaa afar fac. Kuwo badan oo odeyadan ka tirsani waxay wadankan ka soo sheqeeyeen in ka badan 40 sanadood, iyagoo ka soo sheqeeyey wershedaha iyo shaqooyinka culusba. Waxayna kaloo ka soo sheqeeyeen Maraakiibta Xamuulka. Qaarbaa uga qeyb galey labadii Dagaal ee Dunida iyo kii Falklandkaba wadankan Biritan. Waxay ka qeyb qaateen kobcintii dhaqaale ee wadankan iyo horumarintii bulshadan Boqortooyada midoowday. Si kastaba ha u dhacdee tani waa markii ugu horeysay ee taariikhdooda la xuso lana ururiyo.

Waxaan rajaynayaa in daabacaadan labada luqadood ee Ingiriisiga iyo Soomaaligaba ahi ay noqoto mid jebisa gidaarada dhex qotoma bulshada Soomaaliyeed iyo bulsho weynta kale ee wadankan Boqortooyada Midoowday iyo aduun weynaha keleba. Waxaan kaloo rajaynayaa inuu noqdo mid kor u qaada suuradaha laga haysto Soomaalida, noqdana il laga helo waxbarashada dhaqamada iyo la dagaalanka midab kala soocaba.

Ugudanbeyn waxaan u mahad naqayaa Glenn Jordan, oon aqoon u lahaa in ka badan 17 sanadood, intii ka soo guuray Maraykanka uuna yimid xaafada dekeda ee Kaardif si uu u sameeyo cilmi baadhis. Isagoo la sheqeeyey dadka xaafada degan. Wuxuu bulshada u asaasay ilo wax laga soo xigto oo heer sare a. Wuxuu yahay qof dhalinyarada soo koraysaa ku dayan karaan. Wax qabadkiisu wuxuu yahay mid aan hore loo arag oo ururisa taariikhda dadka laga tirada dadyowga dhaqamada kala gedisan ee ku sugan xaafada, taas oo aan u malaynayo inay lumi lahayd. Rugta Taariikhda iyo Farshaxanka ee Butetown, ee uu isagu agaasimaha ka yahay waxay soo saartaa carwooyin, samaysaana cilmi baadhis iyo waxbarasho. Waxayna daabacdaana buugaag badan oo kani ka midka yahay.

Bulshada Soomaaliyeed ee ku sugan Koonfurta Welishku waxay mahad naq u hayaan Rugtan Taariikhda iyo farshaxanka ee Xaafadan Butetown ee isku howshay inay shaqadan qabato. Waxaanan ku talinayaa inay akhristaan buugan akhristayaal badan.

Cabdikarim Cabdi Aadan
Agaasimaha Xarunta Talobixinta Soomaalida ee Kaardhif

Contents

Tusmo

Said Ismail Ali (Said Shuqule) Cardiff, 2001
Saciid Ismaaciil Cali (Saciid Shuqule) Cardiff, 2001

Introduction

Glenn Jordan
Director, Butetown History & Arts Centre

The portrait is a form of biography. Its purpose is to inform now and to record for history.
 — Arnold Newman, portrait photographer, 1982[1]

From my earliest days as a photographer, many of my subjects have been on the edge of or outside the mainstream of our culture. Some of them have been pushed over the edge due to painful circumstances and some of them manage to survive even with the most unspeakable and unjust obstacles placed in their lives. I've always tried to let my photographs be a voice for people who have less of an opportunity to speak for themselves.
 — Mary Ellen Mark, humanist photographer, 1999[2]

Whose history matters? What is at stake in the ways immigrants and minorities are portrayed? Do they have the right to present themselves as they wish to be seen? Who cares about Somalis, their memories and lives?

If one hears a racist statement in Cardiff, it is likely to be about Somalis: in the larger British society and culture, they are an ethnic group with very low status. As Butetown History & Arts Centre is committed to "history from below"—i.e. to foregrounding histories and experiences that have been marginalised and excluded—this publication is particularly appropriate for us.

Somalis have been in Wales, principally in Cardiff but also in Newport and elsewhere, for more than 100 years—since shortly after the opening of the Suez Canal in 1869. Yet, they are virtually invisible in mainstream history, art and culture. The Somali Elders Project, based at Butetown History & Arts Centre, seeks to reverse this trend: our intent is to render visible this community, its history and its present. We are engaged in an ongoing initiative to document and celebrate the lives of Somali people in Wales.

Somali Elders: Portraits from Wales, the first substantial manifestation of this important project, was produced to accompany an exhibition. It is the first of two related books that we intend to produce. The second book, planned for completion in 2006, will be a collection of life stories, based on transcripts of oral history interviews, with older Somali retired seamen, industrial workers and

Hordhac

Glenn Jordan
Director, Butetown History & Arts Centre

Muqaalku waa nooc ka mida sooyaalka. Waxaana loogu tala galey inuu muujiyo muqaalka imika iyo inuu kaydiyo taariikhda.
 — Arnold Newman, Sawirqaade muuqaalo, 1982[1]

Markii aan ku cusbaa xirfada sawir qaadida, badi dadkii aan sawiri jiray waxay dhinac u saarnayeen debedda amababa ka baxsanaayeen udub dhexaadka dhaqankeena. Kuwa iyaga ka mid ah ayaa qarka loo saaray iyagoo ay ku habsadeen dhibaatooyin xanuun badani, qaarna way ka badbaadeen iyagoo la hordhigay tiirar baddan oon laga warami karayni. Waxaan had iyo goor isku dayaa in ay sawiradaydu yeeshaan cod u hadla dadkaa oon haysan fursad ay iyagu ku mujiyaan codkooda.
 — Mary Ellen Mark, Sawirqaade bulsho, 1999[2]

Yeey taariikhdiisu mudantahay? Waa maxay habka loo muujiyaa dadka soogaleytigi ah iyo dadka tiradoodu yartahay? Xaq ma u leeyihiin in loo muujiyo siday iyagu rabaan in loo arko? Yaa daneeya Soomaalida, xasuustooda iyo noloshoodaba?

Haddii qof maqlo bayaan midab kala sooc ah isagoo jooga Kardhif, waxay u badan tahay in ay ku wajahantahay Soomaalida:Bulsho weynta Biritishka iyo dhaqankaba waxay yihiin koox isku jinsi ah, darajo ahaana ugu hooseeya. Iyadoo Rugta Taariikhda iyo Farshaxanka ee Xaafada Butetown ee magaalada Kardhif uu u hanuunsanyahay in la uruuriyo taariikhda "xageeda ugu hoosaysa", tusaale ururinta taariikhda iyo khibradaha la riixay lana fogeeyey daabacaadani sidaas ayey noogu haboon tahay.

Soomaalidu waxay joogeen Weliskhka, ugu badnaan Kardhif iyo weliba Newport iyo meelo keleba in ka badan 100 sanadood-ilaa in yar ka dib furitaankii kinaalka Suez sanadkii 1869kii. Haddana, waa kuwo aan ka dhex muuqan taariikhda, hiddaha iyo dhaqanka bulshooyinka ku nool waddankan, mashruucan odeyada Soomaalidu, oo ka asaasmay Rugta Taariikhda iyo Farshaxanka, ayaa isku deyeya inuu soo jireenkan wax ka bedelo: waxaanu ku talo jirnaa in aanu caawino bulshadan, taariikhdeeda hadda iyo aragtida. Waxaanu ku dhex jirnaa mashruuc socda oo ururinaya dhokumantiyeeynaya una dabaaldegaya nolosha Soomaalida Welishka.

refugees. Like the present work, it will be published in English and Somali.

Photography often shows us things—people, places, faces, everyday life—we had failed to notice before. It has the ability to help us see what our unseeing eyes have missed. This book of portraits and text is intended to bring us face-to-face with a largely unseen history and presence. For this reason, if no other, we think that it is an important cultural-political intervention.

Not to be simply looked at, the subjects in these images look back at the viewer. In the exhibition that accompanies this book, their power to look back has been enhanced: many of the images are larger than life-size including some 28 x 42 inches, i.e., 71 x 107 cm).

Strong eyes challenge the viewer. They ask: *Who do you think that I am? What do you think that I feel?* The intent is to get you to stop in your tracks, to (re)consider your position.

Who is this book for? *Somali Elders* is intended to be accessible. It is written for a broad audience, crossing ethnic, class, racial and national borders. We sincerely hope that teachers and students—in fields as varied as cultural studies, sociology, ethnography, photography and Black studies—are among those who make use of this text; and that it becomes essential reading in courses exploring such themes as identity, cultural diversity, anti-racism and representation. We hope that it is read by Muslims and non-Muslims alike; and we would be pleased to learn that Somali readers take particular pride in this exploration of their heritage.

How is the book organised? This introduction is followed by two essays. The first essay provides a brief overview of the history and presence of the Somali community in Cardiff. We are aware, of course, that it is impossible to tell this story properly in such a small amount of space. Nonetheless, we have included it for the benefit of our readers, most of whom, undoubtedly, will not be in possession of such information.

The second essay is an interview between the author and the photographer, who are, as it turns out, the same person. The point of this dialogue is to highlight, in a maximally accessible way, issues of photographic philosophy and practice that are directly relevant to this project. This discussion leads to the actual portraits, which are the heart of this book.

The next section is our collection of portraits. In addition to the images taken for this project, we have also reproduced some pages and portraits from official documents, e.g., passports and seamen's discharge books, which belong to various local Somali elders. Included

Odeyada Soomaalida: Muqaalo ka yimid Welishka, waa wax soo saarkii ugu horeeyey ee mashruucan muhiimka ah, waxaanu u soo saarnay si uu ula soo boxo carwada. Waa buugii ugu horeeyey oo ka mida lamaanaha bugaagta aanu soo saari doono. Ka labaadi wuxuu dhamaanayaa sanadka 2006ka, oo noqon doona ururin sheekooyin nololeedka, oo ku saameeysan kusalayan wareeysiga taariikhda afka sheegida ah ee odeyada Soomaalida ee badmareenada ah iyo kuwa qoxootiga ku yimid ba. Sida qoraalkan ayey ugu soo bixi doontaa labada af ee Af Soomaaliga iyo Af Ingiriisigaba.

Sawiradu waxay badanaaba ina tusaan waxyaabo-dad, meelo, wejiyo, nolol maalmeed-kuwaas oo aynu markii hore arki weynay. Waxay inaga caawiyaan araga ay arki waayeen idhaheenu. Buuqan oo ah muuqaalo iyo qoridba wuxuu ku wajahanyahay in uu ina hor keeno taariikh aan la arag iyo mid joogtaba. Sababtan, oon mid kale la socon, ayaanu u maleenaynaa inay mihiim u noqon doonto dhaqanka-siyaasada isku dhabqan.

Ma aha in la eego uun, qofka sawirani wuxuu dib u eegayaa ka daawanaya. Carwada buugan la socota, awoodooda eegmo ee ay eegayaan daawadayaasha waa la sii habeeyey: sawiro badan ayaa ka weyn ka dhabta ah ee qofka sawirada waxa kujira qaar waa, 28 X 42 inj and 71 X 107 Senti Mitar.

Indhaha xoogani, waxay imtaxaamaan daawadaha. Waxay weydiiyaan: Yaad u malaynaysaa inaan ahay? Maxaad u malaynaysaa inaan dareemayo? Waxa loola jeedaa inay ku mijo habaabiyaan, si aad halkaad taagneed iska bedesho.

Yaa loogu talo galey buuggan? Odeyada Soomaalida waxa loogu talo galey in la wada heli karo. Waxaana loo qorey akhristayaal kala duwan, kuwaas oo dhaafsiisan jinsiga, dabaqada, midabka iyo xuduudada caalamiga ahba. Dhab ahaan waxaanu rajayneynaa in ay macalimiinta iyo ardeyda- dhigata maadooyinka kala gedisan sida; barashada dhaqanka, arimaha bulshada, barashada dhaqamada kala duwan, barashada sawirada iyo waxbarashada dadka modooba-ayaa noqon doona kuwa si fiican u isticmaala buugan; in uu noqdana akhris lagama maarmaan ah koorosyada soo saara moowduucyada sida, aqoonsiga, is dhex galka dhaqamada, ka soo horjeedka midab kala sooca iyo metalaadaba. Waxaanu rajaynaynaa in ay akhristaan Muslimiinta iyo kuwaan Muslimkaba aan ahayni, waxa kaloo aanu ku faraxsanahay in aanu ogaano inay akhristayaasha Soomaalidu ku faanaan sahamayntan hiddahooga.

Siduu Buuggani u habeeysanyahay? Hordhacan waxa ka danbeeya laba curis. Curiska hore wuxuu indha indheeynayaa taariikhda guud iyo joogitaanka bulshada Soomaalida ee ku dhaqan magaaladan Kardhif. Waanu

among these is a selection of documents belonging to a Somali seaman who is not pictured in this book: Hasson Yaseen Geera died, like so many others, before his life story could be recorded. These traces of his life remind us that any history we inscribe will always include absences. At the rear of the book there is a section entitled "Faces, Memories, Voices", which provides brief biographical details on the men whose portraits have been included. Here, they tell us who they are—and their voices and narratives reveal them to be a socially and experientially diverse group, many of whom have led very interesting lives.

Like the portraits, the biographical statements challenge prevailing stereotypes. Those who believe that the history of Somali immigrants does not belong to the history of Wales or Britain may well dismiss these narratives.

We accept that there will be viewers whose racism and xenophobia will not be altered as a result of encountering this book. Our hope is that their experience is a minority one.

ognahay in ay tahay wax aan dhici kareyn in aanu ku soo koobno sheekadan qeyb yar, haddana waxaanu isku taxalujinay inaanu ugu talo galno dadka akhrisan doona buugga oo aan heleyn macluumaadkan.

Curiska labaadna waa wareysi ka dhex dhici doona qoraaga buugga iyo sawirqaadaha, kuwaas oo ah qof qudha. Ujeedadda wada hadalkani waa in loo muujiyo dariiqa ugu sahlan, qeexida falsafada sawirqaadida iyo sida mashruucan loo soo diyaariyey. Wadahadalkani wuxuu kuu gudbin doonaa lafdhabarta buuggan oo ah muuqaalada.

Qeybta saddexaadna waa muuqaalada aanu ururinay. Sawirada aanu mashruucan ku qaadnay waxa weheliya kuwa kale oonu dib u soo saarnay sida muuqaalo iyo dhokomontiyo sharci ah. Tusaale: Baasabooro, buuggaga badmaaxyada, kuwaas oo ay leeyihiin badmaaxyo Soomaali ah oo ku dhaqan xaafadan. Waxa kale oo ku jira dhokomontiyo uu lahaa nin badmaax ahaa oo Soomaaliyi oon buuggan ku sawirneyn oo geeriyooday, Xasan Yaseen Geera, sida kuwo baddan oo la mida dhintay isagoo aan laga reebin taariikhda noloshiisa. Xariijimahan yar yar ee noloshiisi waxay muujinayaan in taariikh kasta oo la qooraa ay lahaan doonto qeyb ka maqan.

Buugga xaga ugu danbeeysa waxa ku jirta qeyb la yidhaa "Wejiyo, Xusuuso, Codad", oo si kooban u xusaysa sooyaal nololeedka nimanka muuqaaladooda ay ku jiraan halkan. Halkan waxay inoo sheegayaan, ciday yihiin,- codadkooduna waxay cadeeynayaan bulsho iyo khibradba inay yihiin koox kala duwan, oo dhamaantood noloshoodu soo martey marxalado xiiso leh oo kala duwan.

Sida muuqaalada, bayaanadan sooyaalku wuxuu hirdiyi doonaa fikirkii hore looga heystay. Kuwa u haysta taariikhda Soo galeetiga Soomaalidu inaanay ka mid ahayn taariikhda Welishka ama Biritishkaba way is diidsiin doonaan sharaxyadaa.

Waanu rumaysanahay in ay jiri doonaan daawadayaal aan la bedeli doonin rayigooda midab kala sooc, ka dib markay lakulmaan buuggan. Waxaanu rajaynaynaa inay khibradoodu noqoto mid kooban.

Left to right: Mohamoud Kalinle, Adan Abdillahi Hassan, Muuze Ismail Argin, Akli Ahmed & Omar Yusuf Essa
Bidix ilaa midig: Maxamuud Qalinle, Aadan Cabdilahi Xasan, Muuse Ismacil Ergin, Caqli Axmed iyo Cumar Ciise

Acknowledgements

The Somali Elders Project is funded by a "Connecting Communities" grant from the Home Office. We wish to extend our gratitude to the Home Office's Race Equality Team for making this initiative possible.

We would like to thank the Somali Advice and Information Centre (which is located in Cardiff docklands) and every other individual and institution who assisted us in this endeavour. We are grateful, above all, to those who came to be photographed, so that their history could be remembered:

Abdi Adan Mohamed
Adan Abdillahi Hassan
Adan Hirsi Farah
Adan Ibrahim Omar
Adan Samater Yusuf
Ahmed Mohamed Adan ("Safadress")
Ahmed Yonis Awaleh
Ahmed Yusuf Hersi
Ali Elmi Shirreh
Ali Hersi Mohamed
Ali Mohamed Ahmed
Elmi Jama Handulleh ("Sultan")
Esa Mohamed Omar
Hasan Haji Yusuf
Hassan Ahmed Essa ("Faras")
Hassan Ali Dualleh
Hassan Awad Mohamoud
Hussein Saeed Ali
Hussein Ismael Abdi
Ibrahim Ahmed Hassan / Ibrahim Haji Findhe
("Baarjeeh")
Ibrahim Hussein Abby
Ismael Ali Gas
Ismail Adan Mirreh
Ismail Ibrahim Warsama
Jama Omar Hersi ("Yare")
Mahamud Jama Mohamed
Mohamed Abdi Ahmed
Mohamed Adan Abdi
Mohamed Adan Ahmed
Mohamed Ali Mohamed ("Gurasa")
Mohamed Haji Omar ("Dafar")
Mohamed Hashi Halig
Mohamed Jama Guled
Mohamed Madar Booh
Mohamoud Kalinle
Muuze Ismail Argin
Olaad Ismael
Omar Ahmed Abdillahi
Omar Mohamed Hassan
Omar Noor Kibar

Mahad Celin

Mashruucan Odeyada Soomaalida waxa maal geliyey "Connecting Communnities" (Xidhiidhinta Bulshooyinka) ee uu bixiyo Xafiiska Arimaha Guduhu. Waxaanu mahad dheer u haynaa Xafiiska Arimaha gudaha, siiba kooxdiisa Sinaanta Jinsiga oo noo suurto geliyey diyaarinta mashruucan.

Waxa kaloo aanu u mahad celinaynaa Xafiiska Talo Bixinta Soomaalida (oo ku yaal xaafada dekeda ee Kardhif) iyo qof kasta iyo hayad kasta oo naga caawisay soo saarida mashruucan. Waxa kale oonu mahad u haynaa, gaar ahaan kuwa noo yimid ee noo suurto geliyey inaanu sawirno, sidii taariikhdooda loo xusi lahaa.

Cabdi Aadan Maxamed
Aadan Cabdilaahi Xasan
Aadan Xirsi Faarax
Aadan Ibraahim Cumar
Aadan Samatar Yuusuf
Axmed Maxamed Aadan (Safa Direeys)
Axmed Yoonis Cawaale
Axmed Yuusuf Xirsi
Cali Cilmi Shire
Cali Hirsi Maxamed
Cali Maxamed Axmed
Cilmi Jaamac Xandule
Ciise Maxamed Cumar
Xasan Xaaji Yuusuf
Xasan Axmed Ciise (Faras)
Xasan Cali Ducaale
Xasan Cawad Maxamed
Xuseen Saciid Cali
Xuseen Ismaaciil Abdi
Ibraahim Axmed Xasan/Ibraahim Haji Fidhe
(Baarjeex)
Ibraahim Xuseen Caabi
Ismaaciil Cali Gaas (Mahdi)
Ismaaciil Aadan Mire
Ismaaciil Ibraahim Warsame (Saxardiid)
Jaamac Cumar Hirsi (Jaamac Yare)
Maxamuud Jaamac Maxamed
Maxamed Cabdi Axmed
Maxamed Aadan Abdi
Maxamed Aadan Axmed
Maxamed Cali Maxamed (Guraase)
Maxamed Xaaji Cumar (Dafar)
Maxamed Xaashi Haalig
Maxamed Jaamac Guuleed
Maxamed Madar Buux
Maxamuud Qalinle
Muuse Ismaaciil Argin
Colaad Ismaaciil
Cumar Axmed Cabdilaahi

Omar Yussuf Essa
Osman Jama Yusuf
Said Adan Yusef
Saeed Ali Abyan
Said Ismail Ali (Said Shuqule)
Yasin Awad Mohamed
Yusuf Ismael Ali
Yusuf Mohammed Jama

Cumar Maxamed Xasan
Cumar Nuur Kibaar
Cumar Yuusuf Ciise
Cusmaan Jaamac Yuusuf
Saciid Aadan Yuusuf
Saciid Cali Abyan
Saciid Ismaaciil Cali (Saciid Shuqule)
Yaasiin Awad Maxamed
Yuusuf Ismaaciil Cali
Yuusuf Maxamed Jaamac

The team for *Somali Elders: Portraits from Wales* included: Glenn Jordan (project director, photographer and curator); Abdi Arwo (researcher and translator); Akli Ahmed (researcher); Dr Ismail Adam Mirreh (translator); Paul O'Brien and Malin Flynn (graphic designers); Chris Weedon (boss and copy editor); Abdi Aden (copy editor); and Nina Snell (assistant graphic designer).

Kooxda Odeyada Soomaalida,: Muqaalo ka yimid Welishku waxa ka mida ah: Glenn Jordan (Gudoomiyaha Mashruuca, sawirqaade, qore): Cabdi Carwo (cilmi baadhe, turjume); Akli Ahmed (Cilmi Baadhe); Paul O'Brien iyo Malin Flynn (Nashqadeeye); Chris Weedon (habeeye nuqul); Cabdi Aadan (habeeye nuqul); iyo Nina Snell.

Notes

1. Quoted in Robert Sobieszek, *Arnold Newman* (Milan: Gruppo Editoriale Fabbri, 1982), p. 6.

2. *Mary Ellen Mark: American Odyssey, 1963-1999* (New York: Aperture, 1999), p. 149.

Raad Raac

1. Waxa laga soo xigtay Buugga uu qoray Robert Sobieszek, *Arnold Newman* (Milan: Gruppo Edeitoriale Fabbri, 1982), p.6.

2. Buugga ay qortey *Mary Ellen Mark: American Odyssey, 1963-1999* (New York: Aperture, 1999), p.149.

Haji Ismael Haji Ibrahim with traditional long shawl
Xaji Ismaaciil Xaji Ibrahim oo huwan go' shaala

Yusuf Suleban modelling Haji's shawl
Yuusuf Saleebaan oo isku qiyaasaya inuu huwado go' ii haajiga

A last look at the old Nuur al–Islam Mosque, July 1988.
From left to right: Mohamoud Kalinle, Sheikh Mohamed Abdi Dahir, Abdi Dualeh and Abdi Muuse
Copyright Western Mail.   Used by permission.
Aragee ugu danbeeyey ee masaajidka Nuur–al–Islam ee Sanadkii, July 1988.
Bidix ilaa midig: Maxamuud Qalinle, Sheekh Maxamed Cabdi Dahir, Cabdi DuCaale, Cabdi Muuse.
Fasaxqaadasho Koobi: Western Mail.

The Somali Community in Cardiff: Its History and Presence

Abdi Akli Ahmed and Glenn Jordan

The decolonised peoples of Jamaica, Trinidad, Barbados, Guyana, India, Pakistan, Bangladesh and other once colonies of the Empire [e.g. Somalia] who have made their home in Britain, together with their children and their children's children, act as a perpetual reminder of the ways in which the once metropolis is intimately connected to its 'peripheries'. Both colonists and colonised are linked through their histories, histories which are forgotten in the desire to throw off the embarrassing reminders of Empire....

— From Catherine Hall, "Histories, Empires and the Post-colonial Moment" (1996), p. 67

Wales...has always been—and will always be—a multicultural, multi-ethnic society. Multiculturalism is one element of historical continuity, an enduring quality of this small but ancient nation. Nevertheless, recognition of the fact of multiculturalism and any systematic response to it has been patchy and contradictory.

— From Charlotte Williams, Neil Evans and Paul O'Leary, Introduction to *A Tolerant Nation? Exploring Ethnic Diversity in Wales* (2003), pp. 1-2

Europe is no longer White. Wales, for example, has a long presence of immigrant, ethnic minority and mixed-race people.[1] This essay provides basic background information on Wales' Somali community, addressing questions such as these:

· Who are the Somalis in Wales?
· Where did they come from?
· Why are they here?
· What contributions have they made to Wales and Britain?

Somalis form a single ethnic unit with the same language, religion (they are Sunni Muslims) and culture. With an estimated population of 8-10 million, their homeland is in the eastern corner of the Horn of Africa in a vast area 3,000 kilometres long and a thousand kilometres across. Somalia is bordered by Kenya, Ethiopia, Djibouti, the Gulf of Aden and the Indian Ocean. Culturally and linguistically Somalis belong to the Cushitic-speaking

Bulshada Soomaaliyeed ee Magaalada Kaardhif: Taariikhdooda iyo Joogitaankooda

Qorayaal Cabdi Caqli Axmed iyo Glenn Jordan

Dadkii xoroobay ee sida Jumaykanka, Tirindaadka, Barbeedooska, Gayanada, Hindida, Bakistaanidada, Bangaladhiishka iyo kuwa baddan ee ay boqortooyadu xukumi jirtay sida Soomaalida Biritan degay iyaga iyo caruurtooduba iyo kuway awoowga u yihiinba ay xasuus u yihiin xidhiidhkii ka dhexeeyey hooyada(Biritan) iyo caruurteeda(Kuway soo gumaysatay). Ka gumaystey iyo ka la gumaystayba ay leeyihiin xidhiidh taariikheed oo dheer oo la doortay in la ilaawo si aan loo xasuusan gumaysigii wakhtigaa.

— Waxa laga soo xigtay buugii ay qortey Chaterina Hall, "Histories, Empire and Post-Colonial Moment" (1996), p.67

Welishku wuxuu weligii ahaa ama uu weligii ahaan doonaa mid ay degan yihiin dad baddan oo kala dhaqan iyo kala jinsiba ahi. Dhaqamadaa kala gedisan ayaa u ah taariikh ma guurana oo lagu faano wadankan yar ee gaboobay. Haddana qirida jiritaanka dhaqamada kala gedisan iyo ka hadalkiisa ayaa ah mid aan joogta ahayn amaba iska soo horjeeda.

— Waxa laga soo xigtay buuga ay qoreen Charlotte Williams, Neil Evans iyo Paul O'leary, Introduction to *A Tolerant Nation? Exploring Ethnic Diversity in Wales* (2003), pp 1-2

Yurub ma aha mid ay ku noolyihiin dad cad oo keliyi. Welishka tusaale ahaan waxa ku nool dad badan oo soo galey, kuwo ka soo jeeda kuwa jinsigooga laq badan yahay iyo weliba kuwa ay iska dhaleen dad midabo kala gedisan ahi.[1] Curiskani wuxuu soo uririyey macluumaad asli ah oo ku saabsan bulshada Soomaaliyeed ee ku dhaqan wadankan Welishka. Wuxuu ka jowaabayaa su'aalaha ay ka midka yihiin?

· Wa ayo Soomaalida degan welishku?
· Xageey ka yimaadeen?
· Maxay u yimaadeen?
· Maxay wax qabad u soo kordhiyeen wadanka Welishka iyo Biritshkaba?

Soomaalidu waa dad isku jinsi ah oo luuqad keliya ku wada hadla, isku diina (waa muslim Suni ah) iskuna wada

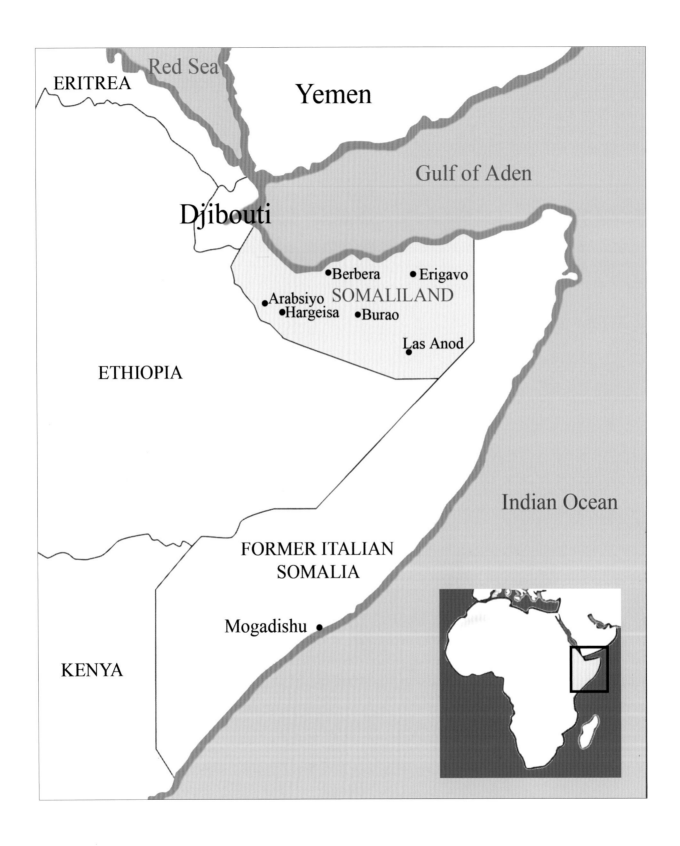

family, which is a branch of the Hamito-Semitic family (which includes Cushitic, Semitic, Berber and Egyptian). Traditionally, Somalis were a pastoral nomadic people, herding camels, sheep and goats for thousands of years. Cattle herding is a more recent phenomenon. The nomadic life entailed constant movement of people and livestock in search of better pasture and water. This nomadic tradition seems still to exert its influence today: whether as seamen or refugees, Somalis are a people who move around.

Ali Hassan Omar and Omar Ibrahim Hirsi looking after their camels in Somaliland
Cali Xasan Cumar iyo Cumar Ibraahim Xirsi oo geelooddii la jooga meel ka mida Soomaaliland

The clan system was the indigenous social structure within which Somalis lived their lives. The kinship system remains the individual's guarantee of social, political and economic security and is an indispensable source of protection and safety. The patrilineal genealogical structure is still dominant—not only in Somalia but also wherever significant numbers of Somalis have resettled—and every child learns by heart his/her genealogy through the male line some 20-30 generations back to the clan ancestor.[2]

From Colonialism to Terror

In the last quarter of the 19th century, the Somali nation was divided up between three European colonial powers: Britain took control of the northern coastal area (and renamed it British Somaliland); France took the area now known as Djibouti; and Italy controlled the largest territory, in the south. Additionally, the British East Africa Protectorate (now Kenya and Uganda), and Ethiopia each took areas adjacent to their own territories.[3] Virtually all of the Somalis in the UK are from the north, i.e. the territory formerly colonised by the British.

Omar Mohamed Hassan, recalls the struggle for independence from his time in London:

> A man called Abdillahi Essa came to us in London from Somalia before independence. He was from Hamar (another name for Mogadishu). He was campaigning for independence, as the whole country was under British [or Italian] rule. He did not have any money. We rented a room for him in the Campbell Hotel at Marble Arch; we also

dhaqan ah. Waxa lagu qiyaasaa inay yihiin 8 ilaa 10 Milyan, wadankoodu wuxuu ku yaalaa koonaha bariga geeska Africa, baaxad weyn oo dhererkeedu yahay 3000 oo KM, balaceeduna 1000 Km. Soomalidu waxay xuduud wadaagaan Kenya, Itoobiya, Djibouti, Gacanka Cadmeed iyo Bad weynta India. Dhaqan ahaan iyo luuqad ahaanba Soomaalidu waxay ka soo jeedaan reerka la yidhaa Cushtic oo ka mid ah laan ka soo jeeda qolada la yidhaa Hamito-Semitic (oo ay ka mid yihiin Cushtic, Semitic, Berber iyo Masaariba).

Asal ahaan Soomaalidu waa reer miyi dhaqda geela, adhiga iyo riyaha kumaankun sano ka horna dhaqan jiray: dhaqashada lo'du way ku cusubtahay. Reer miyi nimadoodu waxay ku dhisantahay guurida ay u guurayaan markasta meesha ay ku ogyihiin daaq iyo biyaba. Tan oo weli ku salaysan dhaqankooda: Hadday yihiin badmareeno iyo hadday yihiin qoxootiba Soomaalidu waa dad guur guura.

Qabiilku waa udubka uu ku taagan yahay dhismaha bulshada Soomaalidu. Qabiilku waa ka u fulinaya qofka inuu ka mid noqdo arimaha bulshada, Siyaasada, horumarka dhaqaale iyo badbaadada nolosha iyo nabadgelyadaba. Abtirsiintu waa dhidib adag oo ay ku dhaqmaan kuwa ku nool Soomaaliya iyo kuwa ku baahsan aduun weynuhu oo dhami. Ilmo kastaa wuxuu bartaa oo uu xafidaa abtirsiintiisa awoow ka awoow ilaa 20-30 awoow ilaa halkuu ka soo jeedo.[2]

Gumaysi ilaa Argagax

Dhamaadkii qarnigii 19aad, Wadanka Soomaaliya waxa loo kala qeybiyey saddex waddan oo reer Yuruba, Biritain oo qaadatey woqooyiga, Faransiiska oo qaatey meesha la yidhaa Djibouti iyo Talyaaninga oo qaatey dhinaca baddan ee Koonfurta, waxa kale oo kala qaatey Biritshka Afrikada Bari (imika loo yaqaan Kiiniya iyo Yugaandha) iyo Itoobiya oo kala qaatey qeebaha ku dhegan wadamadooda[3] Dhamaan dadka ku dhaqan wadankani waxay ka soo jeedaan woqooyiga Soomaaliya, ee la odhan jiray Biritish Somaliland imikana la yidhaa Somaliland.

Cumar Maxamed Xasan Maxamed, ayaa soo xasuusta halgankii dowladnimada wakhtigaa ee London ka dhici jiray:

recruited a driver for him. The British government took his passport from him, but we made him another one.

The United Nations, at that time, was moving from country to country and at that time was based in Paris. The next morning, when the Italian government and the British government started their debate about Somaliland, they saw Mr Essa and three other men that we sent with him: one was Du'aaleh Aftaag and there was Ali Mirre and another man. As Mr Essa did not speak English, we sent those three men with him. They took the train and the ferry. At that meeting the United Nations undertook to look after the South for 10 years.

— From an Interview with Abdi Arwo, London, June 2004

British Somaliland gained independence from Britain on 26th June 1960 and immediately joined Italian Somaliland to form the Somali Republic. On 21st October 1969, a military general from the south staged a coup d'état and installed a Marxist, Soviet-style government which reigned until January 1991, when it was ousted from power by a people's revolt. This period in Somalia's history proved disastrous for the northern republic:

During the whole of that period, Somaliland was not only politically and economically marginalized but the entire economy of the country was destroyed by a series of deliberate measures inflicted on the population by the military regime. Among these measures were:

· The imposition of a highly centralized economic system which particularly affected

Halkan waxa noogu yimid Cabdillahi Ciise oo ka socda Soomaaliya kana yimid Xamar. Wuxuu doonayey madaxbanaanida Soomaliya iyadoo wadanka oo dhan uu haystay Ingiriis (iyo Talyaani), wax lacagana muu siddan, waxna ma haysan, waxaanu u kireyney hudheelka Campbell oo ku yaalay Marble Arch, nin darawalana waanu u qabaney, Ingiriiskuna markuu soo degey buu Baasaboorkii ka qaadey, waxaanu u sameyney Baasaboor kale, Jimciyada Quruumaha ka Dhexaysa way wareegi jirtay, xaruntoodu waxay ahayd markaa magaalada Baariis. Subaxdii danbe markii Talyaanigii iyo Ingiriiskii bilaabayeen doodii ayaa la arkey isaga iyo saddex nin oonu ku darney, nin la yidhaa Ducaale Aftaag, nin la yidhaa Ali Mirre iyo nin kale ayaanu ku darney, Ingiriiskana muu aqoon saddexdaas nin baa raacay, habeen uun baanu Tareenka iyo doonida saarney, halkaas buu tobankii sanadood la siiyey Jimciyada Quruumaha ka Dhexaysa inay maamusho, waa Xamare: Waxa laga soo xigtay.

— Waraysigii uu la yeeshay Cabdi Carwo, London 2004

Wadanka Biritish Somaliland waxay xornimadeedii qaatatey maalintii 26 Juun 1960kii oo isla markiiba ay ku biirtay qeybtii uu Talyaanigu gumaysan jiray lana magac bexeen Jamhuuriyada Dimuquraadiga ee Soomaaliya. Maalintii 21kii Oktoobar sanadkii 1969kii, ayuu nin Janaraal ah oo ka tirsanaa Milatereriga Soomaaliya uu inqilaab ku qabsadey wadanka kana dhigay nidaab shuuci ah oo ku salaysan nidaamkii Ruushka, kaas oo xukunka hayey ilaa iyo 1991kii, markii xooga lagaga qaadey. Wakhtigaa uu xukunka hayey waxa ay ku sugnaayeen gobolada woqooyi baaba:

Group portrait in Angelina Street, Tiger Bay, Cardiff 1989
Muuq aal kooxeed oo jooga waddada Angelina ee xaafada Tiger Bay, Cardiff 1989

the private enterprise based economy of Somaliland.

- The denial of its fair share of development assistance.

- The wholesale destruction of Somaliland's social and economic infrastructure in May 1988 by an air and land bombardment launched by the regime's military forces. All fixed assets including schools, hospitals and production facilities were either totally destroyed or rendered inoperable. In Hargeisa alone, over 80% of housing and other buildings were destroyed according to UN estimates. All moveable assets, including anything of economic value were hauled away by the military. Even worse, tens of thousand of non-combatants were killed, many more wounded, and hundreds of thousands forced to flee for safety to neighbouring countries. This reign of terror was the beginning of the unravelling of the Somali republic as a functioning state.

— "Republic of Somaliland: Accomplishments and Remaining Challenges," *www.somaliland.gov.com*, accessed 7th May 2004

As a result of this reign of terror, many Somalis from the north fled to Britain—often with the assistance of family members who were already here. Omar Mohamed Hassan recalls the protests in London against the regime:

In 1988 the head of the Somali Military, General Ali Samater, came here to London. He was staying in the Churchill Hotel. We had some informers in the Somali Embassy, who told us where and when he was arriving. We were about 500 people. It was January and a very cold night.

We had our placards and as soon as he got out of his car, we were in his face with the boards, shouting at him. We asked a half-caste man to go after him and to tell us how he reacted. He shouted to the Embassy staff and told them that they had leaked his whereabouts. The police arrived and he was sneaked in at the back entrance of the hotel. The Somali government was fined £7,500—and, at that time, that was a lot of money. He did not stay in London but flew back to Somalia.

Dhamaan mudadaa, Somaliland dadka ku dhaqan waxa lagu hayey dhibaatooyin badan oo xagga siyaasada iyo dhaqaalahaba ah, loona diiday horumar dhaqaale. Waxyaabihii lagula kici jirayna waxa ka mid ahaa:

- Isku qasabka dhaqaalaha ku xidhan Koofurta oo waxyeeleeyey baayac mushtarkii gaarka ahaa ee ay ku salaysneed dhaqaalaha Somaliland.

- Cuna qabateenta horumarka dhaqaale oo loo diiday in qeybtooda la siiyo.

- Baa'biinta iyo xasuuqa dhamaan dhismayaashii gobolada woqooyi bishii May 1988 oo lagu duqeeyn jiray diyaaradaha milateriga ee taliskii. Dhamaan waxa la burburiyey dhismayaashii bulshada ee waxbarasho, caafimaad ama wax soo saar, sida; Iskuulada, Dhakhtarada iyo Wershedaha kuwaa oo ama dhulka lagu simay ama laga tegey iyagoo aan dib loo isticmaalin Karin. Magaalada Hargeysa keligeed waxa la burburiyey 80% guryaheedii iyo dhismayaashii keleba sida ay sheegeen UN tu. Wixii dhaqaale ee la rari karayeyna waxa la baxay militerigii. Ta ka xun ee la sameeyey waxay ahayd gumaadkii iyo xasuuqii lagu sameeyey maatida gobolkaa oo gaadhaysay in ka badan kumaankun, qaar badana la dhaawacay, intooda kelena u qaxdey wadamada la jaarka ah. Argagaxan ayaa ahaa bilowgii baaba'a dowladii Soomaaliyeed.

— "Republic of Somaliland: Accomplishment and Remaining Challenges," *www.somaliland.gov.com*, accessed 7th May 2004

Wakhtigaa argagaxa Soomaali baddan oo ka soo jeeda Woqooyiga Soomaaliya (Somaliland) ayaa u soo qaxay waddankan Biritishka, iyagoo intooda baddani ay dalbaddeen reerahoogii joogay halkani. Cumar Moxamed Xasan ayaa xasuusta mudaharadadii ka dhici jiray London wakhtigaa keligii taliyihii.

Sanadkii 1988 ayaa waxa London yimid ninkii Milateriga Soomaalida ugu sareeyey ee la odhan jirey Ali Samatar, isagoon waxba iska ogeyn baa halkan noogu yimid, wuxuu ku soo degey Hudheelka Churchill. Anaguna waxaanu Safaarada ku laheyn basaasiin oo noosheegay Goortii iyo halkuu imanayay. Saacaduu imaneyey habeenkii Janaweri bay ahayd barad baa dhacayey, ilaa shan boqol lix boqol baanu

11

Celebrating the founding of the republic of Somaliland 18th May 1991 Photographs by Hamish Wilson. Copyright Hamish Wilson.

Dabaaldegii Dib ula soo noqoshaddii Jamhuuriyada Somaliland 18kii May 1991 Waxaa qaaday sawiradda Hamish Wilson. O Golaansho Koobi: Hamish Wilson.

We campaigned all that time.

— From an Interview with Abdi Arwo,
London, June 2004

Since the ousting of the dictator, Siad Barre, in January 1991, a great deal of factional fighting and anarchy has prevailed in Somalia. In May-June 1991, northern clans, led by the Somali National Movement (SNM), declared independence from the south and established the Republic of Somaliland. This independent area now includes the administrative regions of Awdal, Woqooyi Galbeed, Togdheer, Sanaag, and Sool. Its capital is Hargeisa, which was home to many Somalis living in Wales. Although not recognised by any government, the Republic of Somaliland has maintained a stable existence and established democratic institutions—unlike the rest of the Somalia, which remains under the effective control of rival clans.

Seamen and Refugees

A man who has not travelled does not have eyes.

— A Somali proverb

Being a nomad, I am always picking myself up and moving on. It makes you resilient.

— Eid Ali Ahmed, Deputy Chief Executive of the Welsh Refugee Council, August 2001

There is a worldwide diaspora of Somalis living in Europe, North America and the Gulf States. Tens of thousands of Somalis now live in the U.K., scattered in different cities such as London, Cardiff, Liverpool, Sheffield, Manchester, Birmingham, Bristol, Hull, Middlesborough, Leicester and Newport. Somalis in the various areas of their diaspora often visit each other. During marriage festivals whole extended families in the U.K. gather together and sometimes members come from Europe, America and the Gulf States. During such gatherings, the sense that there is a connected Somali diaspora is tangibly felt.

London Docklands and Cardiff have the longest established Somali communities in Britain. In Cardiff no accurate census has been conducted (and the census reports do not mention the word "Somali"), nevertheless, estimates put the Somali population in Wales at around 7,000, including around 5,000 in Cardiff. The community in Cardiff is concentrated in the Butetown, Grangetown, and Riverside areas—and there are also significant numbers living in Splott, Rumney and St.

aheyn, boodhadhkii baanu hoosta ku haysaney, mar alaale markuu soogaley ee baabuurka ka soo degey ayaanu ku orodney oo boodhadhkii ku wac siinay, halkaas ayuu muraara dilaacey. Waxaanu ku darney nin haaf kaasha oonu ku nidhi wuxuu ku hadlo eeg, kuwii safaarada ayuu ku qayliyey oo ku yidhi idinkaa basaasey, idinkaa la socda, waa maxay nimankani, sidey u ogaadeen. Booliiskii baa nagu soo kacay, xaga danbaa markaa laga saarey, £7500 ayaa Dowladii Soomaalida la ganaaxay, taas oo wakhtigaa lacag baddan aheyd. Habeen qudha muu joogine markiiba diyaarad baa la saaray.

Ilaa kolkaana halganka waanu wadnay.

— Waxa laga soo xigtay Waraysigii uu la yeeshay
Cabdi Carwo, London 2004.

Markii la tuuray keligii taliyihii Siyaad Barre bishii Janaweri 1991kii, dagaalo baddan oo kooxo isku leeynayeen ayaa ka bilowday Soomaaliya. 18kii May 1991kii ayaa qabiilooyinka dega Woqooyiga oo ay hogaaminayeen SNM-tu ayaa ku dhowaaqay gooni isu taaga Jamhuuriyada Soomaaliland, shirkii lagu qabtay Magaalo madaxda labaad ee Somaliland Burco. Wadankan oo ay ka mid yihiin gobolada Awdal, Woqooyi Galbeed, Togdheer, Sanaag, iyo Sool, loona doortey magaalo maddax magaalada Hargeysa. Halkaa oo ay ka soo jeedaan dad baddan oo ku dhaqan wadankan Welishka. Iyadoo aan dowladina aqoonsan Jamhuuriyada Somaliland waxaa kajirta abadbuuxda, ay leedahayna hayado baddan oo dowli ah. Waxayna ka duwan tahay Soomaaliyada kale ee ay weli isku haystaan qabaa'ilka degaa.

Qoxooti iyo Badmareeno

Ninkii aan dhoofini indho ma leh

— Maahmaah Soomaaliyeed

Anigoo reer guuraa ka soo jeeda, markasta oo wax iga hor yimaadaan intaan boodhka iska tumo ayaan halkii ka sii wadaa. Tani waxay kuu suurta gelisaa adkaysiga.

— Iid Cali Axmed, Ka Xigeenka Maareeyaha Hayada Qoxootiga ee Welishka, Ogost 2001.

Soomaalida debedda u soo baxdey aad ayey ugu badneyd aduunka sida Yurub, Maraykanka, iyo wadamada Gacanka Carabta. Boqolaal kun oo Soomaaliya ayaa imika ku sugan waddankan boqortooyada midoowday. Kuwaas oo ku kala filiqsan dhamaan magaalooyinka waaweyn ee waddankan

Cardiff Seamen from around the world
Badmareeno reer Cardiff ah oo ka kala yimid dunida oo dhan

Mellons.

Somalis have lived in Cardiff for more than 100 years, making them one of the longest-established ethnic minority communities in the city. For the purpose of this essay, we will consider the Somali community in Cardiff as consisting of two basic groups, seamen and refugees, along with their families and descendants. Another significant group is, of course, British-born Somalis (Cardiff has the largest British-born Somali population in the UK). However, they are not the focus of the present work.

Somalis in south Wales tend to share not only a common culture and language, but also ties of kinship and territory. Until recently, nearly all of the Somalis were from two cities in northern Somalia, Hargeisa and Burao. They were also primarily from the Isaq clan. Refugees since the 1990s are a more diverse group: Cardiff and Newport are now home to Somalis from the south, e.g. Mogadishu, as well.

Most of the elderly Somalis now living in Cardiff (and Newport) are men who came during the Second World War and the following years of post-war reconstruction. These seamen left their country—a British colony—intending to earn some money and return home: most were hoping to buy more livestock. But things rarely turned out as planned. For example, in an interview for this book, Ibrahim Ahmed Hassan tells how he was brought to the UK in 1958 by his father, who served as a merchant seaman in the two world wars. He returned to Somalia in 1983, after twenty-three years at sea. However, he was back in Cardiff again two years later and back at sea from 1987 to 1995.

In addition to the seamen, a large proportion of the Somali community in Cardiff are refugees who joined family members who were already living here. Most have gone through the settlement phases and are now struggling to adapt to their new lives.

It is sometimes observed, especially by members of the larger society, that Somalis rarely interact socially with others and seem to confine their social activities to themselves. Partly, the issue has to do with language. Many members of the Somali community here do not have good English-language skills. However, those, such as former seamen, who have travelled widely and interacted with other societies, tend to have attained higher levels of English-speaking proficiency. Similarly, those refugees who became friends with locally-born Somalis tend to be fluent English speakers. As more and more Somali students attend local schools, the number of English speakers is on the increase. Perhaps social interaction between Somalis and other groups will also

sida London, Cardiff, Liverpool, Sheffield, Manchester, Birmingham, Bristol, Hull, Middlesborough, Leiceter, iyo Newport. Soomaalida qurbaha ku dhaqani aad ayey isku booqdaan, siiba marka ay leeyihiin aroosyada oo ay eheladu iskaga soo dhoofaan magaalooyinka waddanka oo dhan marmarna ka yimaadaan Yurub, Maraykanka iyo Gacanka Carabtaba. Mararkaa ay isku yimaadaan ayaa la dareemaa xidhiidhka ka dhexeeya Soomaalida Qurbaha ku sugan.

London Dockland iyo Cardiff waxa ku dhaqan Bulshadii Soomaaliyeed ee ugu soo horeysay waddankan biritishka. Wax tiro koob ah oo sugan laguma sameyn (tirakoobkii ugu danbeeyeyna ma qeexo kelmada "Soomaali"), haddana waxa lagu qiyaasaa Soomaalida degan Welishka ilaa 7,000 oo ilaa 5,000 ay ku sugan yihiin magaalada Cardiff. Bulshada Soomaaliyeed ee degan magaaladan Cardiff waxay ku nool yihiin xaafadaha; Butetown, Grangetown, Riverside iyo in kale oo ku nool Splott, Rumney iyo St. Mellons. Soomaalidu waxay deganayeen Cardiff iyo Newport in ka baddan 100 sanadood, yihiina kuwii ugu horeeyey ee dega halkan marka laga hadlayo dadka jinsigoogu ku yar yahay wadankan. Curiskan owgii waxaynu ka sii hadli doonaa bulshada Soomaaliyeed ee ku dhaqan magaaladan Cardiff oo u kala baxda laba kooxood, badmareeno iyo qoxooti iyo caruurtooda iyo ehelkooda. Kuwa kelena waa Soomaalida ku dhalatey waddankan (Cardiff waxa lagu shegaa inay tahay halka ay joogaan dadka Soomaaliyeed ee waddankan ku dhashay kuwa ugu baddani), laakiin imika mashruucan kama mid aha kooxdan danbe.

Soomaalida ku nool Koonfurta Welishku waxay wadaagaan dhaqan qudha, luuqad qudha iyo weliba isku qabiil iyo isku degaanba. Ilaa wakhtiyadan dhowdhow Soomaalida intooda baddani waxay ka iman jireen laba magaalo oo qudha Hargaysa iyo Burco. Waxayna u badnaayeen qabiilka Isaaqa. Qoxootigii yimid wixii ka danbeeyey 1990 nadii wuu ka duwan yahay kan, iyagoo ay qaar ka kala yimaadeen goboladda koonfurta Soomaaliya sida Muqdisho.

Inta baddan dadka waaweyn ee Soomaaliyeed ee ku dhaqan magaalooyinka Cardiff iyo Newport waa rag yimid markii uu socday dagaalkii labaad ee dunidu iyo sanadahii ka danbeeyey ee dib u dhiska wadankan. Badmareenadani waxay uga soo kici timeen waddankoodii oo ahaa mid uu Biritishku xukumo, inay helaan lacag ka dibna ku laabtaan wadankkoogii hooyo: intooda baddani waxay ku hamiyayeen inay iib sadaan xoolo nool. Laakiin siday filayeen arrini umay dhicin. Tusaale, wareysi aanu la yeelanaey Ibrahim Axmed Xasan, wuxuu noo sheegay in uu abihii keenay wadankan 1958, oo ka mid ahaa badmareenadii ka qeyb qaatey labaddii dagaal ee dunida. Wuxuu Soomaaliya ku noqdey 1983, isagoo badda ku jiray 23 sanaddood, haddana markuu ka maqnaa waddanka laba sanadood ayuu ku soo laabtey Cardiff oo uu badii ku noqdey 1987 ilaa 1995.

increase, although, currently, there is often some antagonism.

Somali Seamen in Cardiff: Historical Background

I was born in Arabsiyo. I'm 92 years old. Arabsiyo is a small town west of Hargeisa and is famous for its farms. My father used to have lots of horses. I was born near a famous tree called Agamso. We used to live in a traditional Somali tent. I moved to Djibouti when I was 12 years old. My uncle was living there and I joined him…. I entered the Quranic School and, when I finished, I went to the French school where I learned the French language….

I saw a lot of people going to France to get jobs and I decided to follow them there. I sold my boat and went to France. I stayed in Marseilles and worked in factories and sometimes on the ships. We used to sail to all over the world. I left Marseilles and went to Paris, and from there I caught the train and went to Le Havre, where I boarded the ferry to Dover. From there I came to Cardiff in 1937 and I have lived here since then. I joined

Mohamoud Kilinle, 2001
Maxamuud Qalinle, 2001

Waxa soo raaca badmareenada, dad baddan oo qoxooti ku yimid wadankan, kuwaas oo intooda baddani ku soo biireen ehelkoogii hore u joogey waddankan. Intooda baddan waxay soo mareen marxalado kala gedisan si ay u degaan waddankan, imikana ku jira siday ula qabsan lahaayeen nolosha waddankan.

Waxa laga yaabaa in ay dareemaan dadka baddan ee ku dhaqan waddankani in ay Soomaalidu aanay dhex gelin arimaha bulshada ee waddankan ayna isku koobaan dhaqankooga iyo arimaha bulshadooda uun. Waxa laga yaabaa in ay inta baddan ay keento afka Ingiriisiga oonay si fiican u aqooni. Intooda baddan Soomaalida ku sugan waddankani afka si fiican uma yaqaanaan. Haddana marka la eego badmareenada oo u kala jeexay aduunka oo dhan, dhex galeyna dad baddan oo kala duwani afka si fiican ayeey u barteen. Sidoo kale kwa qoxootiga ah ee la saaxiibay Soomaalida halkan ku dhalatey, afka si fiican ayeey u barteen. Soomaalida Iskuulada dhigata oo soo baddanaysa owgeed ayaa keentey in qaar baddani afka si fiican u bartaan. Is dhex galka bulshada Soomaaliyeed iyo dadka kelena waxa laga yabaa inuu soo bato, inkastoo imika ay jiraan iska soo horjeed baddani.

Badmareenada Soomaaliyeed ee Cardiff: Asaaska Taariikhdooda

Waxaan ku dhashey tuulada Arabsiyo. Waxaan ahay 92 jir. Arabsiyo waxay ku taalaa galbeedka magaalada Hargeysa, waxayna caan ku tahay beero waaweyn. Aabahay wuxuu lahaa fardo badan. Waxaan ku dhashey meel u dhoweyd geed caana oo la odhan jiray Agamso. Waxaanu ku nooleyn Aqal Soomaali. Waxaan u guuray Jabuuti markaan ahaa 12 jir. Adeerkay ayaa ku noolaa oon u guuray.....Waxaan galey malcaamad Quraan, markaan dhameeyeyna waxaan galey Iskuul Faransiis ah oo aan ku bartey afka Faransiiska......

Waxaan arki jirey dad badan oo u tacabiraya Faransiiska markaa ayaan goostey inaan ana halkaa tago. Waxaan tegey Faransiiska markaan doontaydii iibiyey. Waxaan ku noolaa oon shaqo ka heley magaalada Merseey oon wershedo iyo maraakiiba ka sheqeeyey. Kuwaas oo u bixi jiray adduun weynaha oo dhan. Waxaan ka tegey Merseey oon u kicitimey xaga Baariis oon muddo yar ka dib uga baxay dhinaca Laahafardh oon ka soo raacay doon i keentey magaalada Doofa oon uga dhoofay ilaa aan soo degay magaaladan Kaardhif oon imid 1937 oon joogey ilaa imika. Waxaan raacay

Official opening of the Nuur al-Islam Mosque, Peel Street, Cardiff, 1947
Furrtaankii Rasmiga ahayd ee Masaajidka Nuur al-Islaam, Wadada Peel, Cardiff 1947

Nuur al-Islam Mosque, Peel Street, Cardiff
Masaajidka Nuur al-Islaam, Wadada Peel, Cardiff

the Merchant Navy and later the Royal Navy and worked as fireman and donkeyman in the engine room. There were lots of Somalis, who have now died, and all of them were either in the Merchant Navy or the Royal Navy. I travelled here with a man called Abdi Osman, who was my best friend but who is now dead. He wanted to join his uncle in Cardiff and I had a cousin in Cardiff. I worked on ships and also on some destroyers. I was in the Second World War and destroyed some ships and two fighter aircrafts in Malta. We used to carry food and a lot of military equipment to the front line during the Second World War. I was also a member of the National Union of Seamen.

— From interview with Mohamoud Kalinle, Cardiff, May 2004.

The 19th Century was a period of great migration throughout the world when tens of millions left their homelands in search of work. Somalis, a nomadic people accustomed to movement, were no exception to this trend. By the mid 1830s, many Somalis were known to have travelled across the sea to neighbouring Arab and Asian countries. The opening of the Suez Canal in 1869 provided access to new destinations for seafarers and Somalis travelled to different parts of Europe. The arrival of the first Somali in Cardiff is recorded as in 1870. From that day onwards, pioneering individual seamen flocked to the coal exporting docks of Cardiff.

Somali seamen in Cardiff tended to move to the "Tiger Bay" or Butetown area, where they joined what was rapidly becoming one of the most cosmopolitan communities in the world.

maraakiibta xamuulka iyo kuwa ciidamada bada ee Ingiriiska labadaba. Waxaanan ka sheqeeyey oon ka bilaabey dhuxul shide ilaa aan u dalacay inaan ka noqdo makaanig. Waxa joogi jiray halkan Soomaali badan oo imika wada dhimatay, kuwaas oo maraakiibta xamuulka iyo kuwa ciidamadaba raaci jiray. Waxaan la soo kicitimay nin aanu saaxiib ahayn oo la odhan jiray Cabdi Cusmaan oo imika mootan. Wuxuu doonayey inuu u tago adeerkii oo Kardhif deganaa ana waxa deganaaa inaadeerkey. Waxaan ka soo sheqeeyey maraakiib iyo kuwa maraakiibta dejiyaba. Waxaan ka qeyb galey dagaalkii labaad ee aduunyada oon soo riday laba diyaaradood oo kuwa dagaalka ah wadanka Malta, waxa kele oon dejiyey markab. Waxaanu qaadi jirnay cunto iyo qalabka milateriga oonu geyn jiranay goobta dagaalku ka socdey. Waxaan ka mid ahaa ururka madmareenada ee wadankan.

— Waa wareysi aanu la yeelaney Maxamuud Qalinleh, Kaardhif, May 2004.

Qarnigii 19aad wuxuu ahaa wakhtiyadii ay dadyowga aduunku aadka u guuri jireen, markaa oo milyano qof ay ka bexeen guryohoogii iyagoo raadinaya shaqooyin. Soomaalida oo noloshoodu ku dhisneyd reer guuraa kamay maqneeyn saamaynta guuridu. Dhexdii sanadkii 1830kii ayaa Soomaali baddani u kicitimeen dhinaca waddamada carabta iyo Aasiyaba. Furitaanka Kinaalka Suweysina ee sanadkii 1869kuna wax weyn ayuu u taray dhoofitaanka badmareenada iyo Soomaalida oo sahal u noqotay inay yimaadaan qaarada Yurub. Soomaaligii ugu horeeyey ee yimaada magaalada Cardiff waxa la xaqiijinayaa inuu yimid sanadkii 1870kii. Laga bilaabo

The Butetown district, an area approximately a mile long and a quarter of a mile wide located on the southern end of Cardiff—an area which locals referred to as "Tiger Bay" and "The Docks"—was particularly favoured as a home away from home for new immigrants and minorities. It is often said that, during its heyday, from the later 1800's to the mid-1900's, it included people "from the four corners of the earth". In the 1940's some forty-five to fifty nations, and many more ethnic groups, were represented in a population of around five thousand.... This population of immigrants and minorities included the following:

- Greeks, Turks and Cypriots
- Spanish, Italians, Portuguese and Maltese
- Colonial Portuguese (mainly Cape Verdeans)
- Yemeni, Egyptians and Somalis
- Welsh, Irish, English and Scots
- West Africans (Nigerians, Sierra Leoneans and others)
- West Indians (Jamaicans, Barbadians, Trinidadians, St. Lucians, St. Kittsians and others)
- British Hondurans, Panamanians and Guyanese
- French, Mauritians, Colonial French
- Chinese, Malays and Indians (i.e., people from what is now India, Pakistan and Bangladesh)
- Poles, Ukranians and Eastern European Jews
- Estonians, Latvians and Lithuanians
- Germans, Norwegians, Finns, Swedes and Danes
- North Americans, South Americans
- And a few more....

— Glenn Jordan, *Down the Bay* (2001), pp. 9-10

Given the likelihood that skills and abilities nurtured by a culture can be transferred to another setting, the harsh pastoral life may well have endowed the Somalis with diverse skills and a sense of adventure. Nomadic life entailed constant travel on foot through dry and hostile environments where one's survival demanded constant coping skills. Travel across the sea to other lands was an important notion in Somali culture. A well-known Somali proverb states, "A man who has not travelled does not have eyes."[4]

The first Somali seamen to come to Britain were mainly

maalintaa, Soomaali baddan oo badmareeno ah ayaa ku soo qulqulay dekeda dhoofinta dhuxusha ee magaalada Cardiff.

Badmareenada Soomaalida ee yimaada Cardiff waxay degi jireen xaafada la yidhaa "Tiger Bay" (gacanka shabeelka) ama Butetown, halkaa oo ay ku biiri jireen bulshooyinkii kala gedisanaa ee iskaga kala yimid meelo baddan oo aduunka ka tirsan.

Xaafada Butetown oo dhererkeedu ku dhowyahay ilaa hal mayl, rubuc maylna baleceedu yahay oo ku taal dhamaadka koonfurta magaalada Cardiff- xaafadaa oo dadka degani ku magacaabaan "Tiger Bay" iyo "The Docks"- halkaa oo ay ka dhigteen hooy dadka soo degey waddankani iyagoo uga dhowaanaya wadamadoodii ay ka yimaadeen. Waxa inta baddan la yidhaa wakhtigii ay ugu sareysay xaafadanu oo ahayd dhamaadkii 1800 naadkii ilaa 1900 naadkii in ay ku noolaayeen quruumo "ka soo jeeda afarta rukun ee dhulka". 1940 naadkii ilaa 45 ilaa 50 quruumood iyo dad kale oo jinsiyado kala duwan leh ayaa ku dhaqnaa xaafada, kuwaas oo tiradoodu ku dhoweyd ilaa shan kun......Quruuntaa soo galey wadankan iyo jinsiyadahaa kala duwani waxay ka soo jeedeen wadamadan:

- Giriig, Turki iyo Yunaan
- Isbaani, Talyaani, Boortiqiis iyo Maltiis
- Boortiqiiska la gumeeysto
- Yamani, Masaari, Soomaali
- Welish, Ayrish, Ingiriisi iyo Iskotish
- Afrikaanka Galbeed, (Nayjeeri, Siri liyooni, iyo kuwo kale)
- Hindida Galbeed (Jumeenkan, Barbaaridiyiin, Tirinaadi, Seent Luushiyiin, Seent Kitisiyiin, iyo kuwo kale)
- Hunduurida Biritishka ah, Banamaaniyiin, Guyaani
- Faransiis, Murutaani, Faransiiska la gumeysto
- Shiine, Maleeshiyiin, Hindi (dadka ka kala yimid meelaha imika la yidhaa Hindiya, Bakistaan iyo Bangaladhiiish)
- Bolandi, Yukraani, iyo yuhuuda Bariga Yurub
- Istooniyiin, Latfaaniyiin, iyo Lutweyni
- Jarmal, Noorwijiyiin, Finish, Iswidish, iyo Dhaynish
- Maraykan, Maraykanka Koonfureed
- Iyo kuwo kale oo baddan.....

young men, many of whom are known to have settled in the Butetown area, attracted by its proximity to the dock. There were also other black people in that area. By the turn of the century Butetown had become a magnet for diverse nations, of mixed colours and ethnicities. Before the First World War, the number of black people in Cardiff was not large. After 1914 the increasing demand for merchant shipping generated more job opportunities. The outbreak of the war, however, dramatically increased the number of Somali seamen. Men joining the Royal Navy depleted the crews of the Merchant Navy ships and more crews were badly needed. Those Somalis settled in Cardiff passed this information on to their relatives and clan members and new streams of seamen flocked to the coal exporting port.

During the 1914-18 war years Somali seamen were in a strong economic position, enjoyed a measure of prosperity and they sent considerable sums of money home to relatives. As the First World War ended, a crisis emerged among colonial seamen. A large number of white British seamen returned from the war and fought to be reemployed in the Merchant Navy. As the ship owners and shipmasters were persuaded to employ "our own people first", the reserve army of black men was out of work.[5]

The discontent of both the white and black populations soon flared up into a confrontation and the race riots of 1919 erupted. These resulted in several deaths and a number of injuries on both sides as well as large amounts of property destroyed.[6] Some Somali seamen who participated in this incident frequently talked about it as late as the 1990s. Soon after the riots the dice was turned against the black population, who were declared aliens, even though they were British subjects and had British passports. The Government enacted the Aliens Order of 1920, followed by the 1925 Act, which imposed severe restrictions on black seamen and strengthened the hands

Marriage of Mohamed Hassan and Katie Link circa 1925
Guurkii Maxamed Xasan iyo Katie Link, 1925

— Laga soo xigtey Buugga uu qorey Glenn Jordan, *Down the Bay* (2001), pp, 9-10

Dhab ahaan xirfada iyo waxqabadka lagu soo koro dhaqan ahaan waxa loo wereejin karaa meelo kale, nolosha adag ee reermiyiga Soomaaliya ayaa fursad u siiyey Soomaalida inay keenaan madasha cusub xirfad iyo firfircooni. Reer guuraaga ayaa ku qasabtey inay Soomaalidu ay socdaan in baddan meelo kulul adagna, taas oo ay ku xidhneyd noloshoodu una sababtey inay had iyo goor la qabsadaan cimilada cusub ee ay gaadhaan kolba. Socodka Badaha iyo iska gudubka dhulalka waxay ahayd mid ay Soomaalidu hore dhaqan ugu laheyd. Maah maah caana oo soomaali ah ayaa tidhi: "Ninkii aan dhoofini indho ma leh".[4]

Badmareenada Soomaaliyeed ee ugu horeeysey ee timid wadankan waxay badi ahaayeen niman da' yar oo dhamaantood fadhiistey xaafada Butetown. Iyagoo ay soo jiidatey u dhowaanta dekedu.4 Waxa kaloo ku noolaa xafadan dad modow. Qarniga dhamaadkiisii waxay noqotey xaafadu bir lab soo jiidata dadyowga ka kala yimid quruumo kala duwan lehna midabo kala gedisan. Dagaalkii kowaad ee Dunida ka hor, tirada dadka modow ee reer Cardiff way yareyd. Ka dib sanadkii 1914kii baahida badmareenada loo qabo ayaa soo korodhay, furtayna shaqooyin baddan. Dagaalku markuu bilowdey ayaa tiradii badmareenada Soomaalidu aad u korodhey. Nimankii raacay maraakiibta dagaalka owged ayaa yareysay tirada shaqaalaha maraakiibta xamuulka keenteyna baahi badmareeno. Soomaalida hore u joogtey Cardiff ayaa qeylo doon u dirtey ehelkoogii joogey wadankii si ay ugu soo shaqo doontaan wadankan, taas ayaa keentey inay Soomaali baddani timaado dekedan ku caanka aheyd dhoofinta dhuxusha.

Sanadadii dagaalku socdey 1914-18, badmareenada Soomaalidu waxay ku jireen nolol dhaqaale oo wacan, waxaana soo martey barwaaqo baddan oo ay lacag baddan u diri jireen ehelkoogii iyo reerahoogii joogay Soomaaliya. Markii dagaalkii labaad ee dunidu dhamaaday, waxa ku soo habsatey dhibaato cusub badmareenadii ka soo jeeday wadamada la gumaysan jiray. Badmareeno baddan oo ahaa Biritishkii Cadaanka ahaa ayaa ka soo laabtey dagaalkii kuna dagaalamey inay shaqadoodii dib ugu laabtaan. Waxa lagu qasbey shirkadihii maraakiibta lahaa iyo kuwii maamuli jirayba inay dib u shaqaaleeyaan "dadkeena marka hore", Askartii riseerfka loo haystey ee modoobaana ay shaqo beeleen.[5]

Colaadii dhexmartey bulshada modoow iyo kuwa cad ayaa kor u sii kacdey ilaa ay isku bedeshay dhagaxtuurkii jinsiyada ee 1919. Kaas oo sababey inay labada dhinacba dad ku dhintaan. Dadbadanina ay ku dhaawacmaan, iyo dun ku dhacay dhismayaal baddan.[6] Qaar ka mida Badmareenadii Soomaaliyeed ee dhagaxtuurkaa ka midka ahaa ayaa ka sheekeen jiray waayo dhoweyd oo

of racist elements within the police.[7] It was perhaps in this period and the following decade that Somali seamen witnessed the worst experiences of their lives in Cardiff. Local Somali oral tradition tells how "many of our ancestors and kinsfolk died of hunger, malnutrition and disease during this period and are buried in Ely cemetery".[8]

The available written material about the black population in Cardiff, for that period, clearly shows the gravity of the situation. Unemployment was widespread and there was "considerable distress among seamen".[9] Similarly the documents of police registration of black seamen show a sharp decline of Somali seamen. One of the oldest Somali seamen left the area to go to North America, but those who could not undertake a new adventure were those most affected.

The increasing number of deaths among Muslims, especially Somalis, produced two new developments within the Muslim community. Although there were several places of worship within the boarding houses, the need for a Mosque became increasingly vital. Muslims bring the dead person inside the Mosque, where several religious services are carried out, before the body is buried. The ethnic groups in Cardiff who shared the same Muslim beliefs organised themselves and undertook the necessary steps to obtain permission and donations to build a Mosque. They also collectively asked the authorities for burial sites, which they were allocated in Ely Cemetery.[10]

The outbreak of the Second World War relieved the worsening situation of South Wales' black community, as labour was badly needed in factories to support the war effort. The Somali population increased dramatically during this period. It was during this time that official attitudes towards the black population were modified to such an extent that many Somalis joined the Royal Navy, while the number of those joining the Merchant Navy also grew significantly. Post-war reconstruction attracted more Somalis to the area. Most of the present elders in Cardiff came here during that period as labourers and seamen.

A significant issue, which needs to be mentioned here, is that for decades Somali men never brought Somali women to Britain. The only women here that they married or befriended were white or mixed-race. Many Somali seamen married at home and frequently visited their families during their holidays.

Within the last thirty years or so, this situation has begun to change. One of the factors that encouraged the Somali men to bring their Somali wives and families to Britain was that men from other Muslim communities had

sagaashanaadkii dhexdeedii ka mida. Mudo yar ka dib markuu dhagaxtuurkii joogsadey ayaa loo soo jeestey dadkii modoobaa oo laga dhigay kuwo aan dadka la mid aheyn iyagoo ahaa dad Biritisha haystana baasabooro Biritisha. Dowlada ayaa soo saartey sharci gooni ka dhigaya dadka modow sanadadii 1920 iyo 1925, kaas oo xadeyn baddan saaray badmareenada modow, xoojiyeyna gacanta kuwa modowga neceb ee ka tirsanaa Booliiska.[7] Wakhtigaa iyo sanadihii ku dhowaa ee ka danbeeyey wakhtigaa ayaa ahaa marxaladihii ugu kululaa ee soo mara badmareenada Soomaalida ee Kardiff. Haddalada iyo Taariikhaha ay Soomaalidu ay isku gudbiyaan ayaa sheega: "qaar baddan oo dadkooga ah oo u dhintay gaajo, nafaqo la'aan iyo xanuuno kaleba wakhtigaa, kuwaas oo ku aasan Xabaalaha Ely"[8].

Qoraalada laga hayo bulshada modoow ee Cardiff wakhtigaa, waxay tusaan dhibaatooyinka wakhtigaa. Shaqo la'aantu waxay ahayd mid aad u baddan, waxaana "ku habsatey badmareenada dhibaatooyin baddan"[9]. Sidoo kale waraaqaha ay sexeexi jireen ee ay Booliisku hayeen dadka modoobi waxay tustaa in ay sii yaraanayeen Badmareenada Soomaalidu. Qaar ka mida kuwa ugu da'da waaweyn Badmareenada Soomaalida ayaa u guuray Maraykanka, laakiin kuwii aan guuri kareyni ayey dhibaatadu saameeysay.

Tirada dhimashada Bulshada Muslimiinta ah ayaa kolba soo kordheysey, gaar ahaan Soomaalida, tanina waxay keentay laba arimood oo horumarineed. Iyadoo ay jireen meelo lagu tukado oo ka mid ahaa aqaladii Soolanaha ee ay Soomaalidu seexan jirtay, baahida Masaajid ayaa ahayd arin weyn. Muslimiintu waxay keenaan qofka ka dhinta Masaajidka, si loogu qabto waxyaabo diintu fartay in maydka loo qabto intaan maydka la aasin. Kooxaha jinsiyadaha kale oo wadaagi jiray diinta Islaamka ayaa qorsheystey inay helaan iskana ururiyaan lacag lagu dhiso Masaajid. Waxa kale oo iyagoo wada socda weydiisteen Dowlada in la siiyo meel lagu aaso dadka Muslimka ah, taas oo loo qoondeeyey Xabaalaha Ely.[10]

Dagaalkii labaad ee Dunidu markuu bilaabmay ayaa soo afjaray dhibaatooyinkii soo foodsaaray Bulshada Modow ee Koonfurta Welishka, baahida shaqaalaha oo soo korodhay siiba wershedaha taageera arrimaha dagaalka. Tirada bulshada Soomaaliyeed ayaa soo korodhay wakhtigan. Waa markan kolkay is bedeshay xumaantii lagu hayey dadka modoowi, taas oo suura gelisay inay Soomaalidu xitaa ku biiraan Ciidamada Badda ee Biritishka, iyadoo weliba tirada badmareenada Soomaaliyeed ee Raacday Maraakiibta Xamuulku ay iyana kor u kacdey. Dib u dhiskii dagaalka ka dibna wuxuu sababey inay soo galaan dad baddan oo Soomaaliyeed madashan. Inta baddan Odeyada imika ku sugan magaaladan Cardiff waxay soo galeen wakhtigaa iyagoo

Three young Somali football players in the Butetown Youth Centre team, 1984/5

Saddex Dhaliyaro oo Soomaaliyeed oo ka tirsan kooxda kubade cagta ee Rugta Dhalinyarada ee Butetown, 1984/5

already started bringing their families It was in the areas where these Muslim communities are concentrated or significant that the first nucleus of Somali families grew. However, the first Somali families that settled in Wales did not settle in Cardiff. One of the first Somali women to arrive in Britain, told Akli Ahmed:

> In 1965, I came to Cardiff to participate in a funeral of a relative. There were no Somali women then, and I couldn't find a Somali home; so I was taken to Newport where there were already two Somali women, which encouraged us later to move from Birmingham to Newport.

> — Amran Gas, oral history interview, 2001[II]

In addition to changes in the family, there have also been changes in religious practices and beliefs. There is a strong Somali religious group in Cardiff with its base at the Nuur al-Islam Mosque. Within the Muslim world, there are many different, often competing interpretations of Islam. Although Somalis historically have had a tradition of Sufism, there are modern trends, especially among the youth, towards outside influences. The ideas of the Muslim Brotherhood organisation in Egypt, the Wahabi doctrine of Saudi Arabia and other militant Islamic schools of thought now have some influence among certain sections of the Somali community. In Cardiff, the Wahabi doctrine and influence is visibly clear, to such an extent that a number of the elders feel uncomfortable and pray at the "Yemeni mosque", i.e. the South Wales Islamic Centre, whose Imam is the moderate community leader, Sheikh Said Hassan Ismail.

noqdey Kuuli ama badmareeno.

Arrinta muhiimka ah ee xusida mudani waa, iyadoo qarniyo baddan ayna Soomaalidu keenin dumarkoogii wadankan. Dumarka ay halkan ku guursadaan ama ay la saaxiibaan waxay ahaayeen kuwo cadaan ah ama iska dhal. Badmareeno Soomaaliyeed oo baddan ayaa ka soo guursadey wadankoogii, kolbana u dhoofa sidii ay u soo arki lahaayeen xaasaskooga markey fasax helaanba.

Soddonkii sanadood ee ugu danbeeyey ayey arrintanu is bedeshay. Sababaha ku dhiiri geliyey inay raga Soomaalidu dumarkoogii keenaan halkani, waxay arkeen kuwo baddan oo ka soo jeeda umadaha kale ee Muslimka ah oo keenay xaasaskoogii, meelahaa ay Muslimku ku badnaayeen ayaa ugu horeeyey inay degaan xaasas Soomliyeed, kuna koriyaan caruurtooda. Laakiin, Xaasaskii ugu horeeyey ee dega Welishka ee Soomaaliyeed may degin magaalada Cardiff. Gabadh ka mida kuwii ugu soo horeeyey ee yimaada wadankan, iyo magaaladan Cardiff, waxay Akli Ahmed ku tidhi:

> —Amran Gaas, Wareysi afka ah oo laga qaadey sanadkii 2001.[II]

Isbedelka xaasaska ka sokow, waxa kale oo jiray isbeddel dhinaca diinta saameeyey. Waxa jira qaar diinta aad ugu dhaqma oo degan magaaladan Cardiff, xaruntooduna tahay Masaajidka Nuur-al-Islam. Muslinka gudihiisa waxa jira khilaafaad baddan oo dhexyaal iyagoo si kala d' wan u qaatey micnaha Islaamka. Iyadoo Soomaalidu ay ku dhaqnaan jirtey Suufinimada, waxa jira qeybo cusub, siiba dhalinyarada oo ay saameeyeen dhaqamo dibada kaga yimid. Sida raacida Akhwaan Muslimiinta Masaarida , Wahaabiyiinta Sucuudiga iyo kuwo kale oo ah Muslimiinta ku adag diintooda oo imika saameeyey Soomaalida.19 Cardiff gudeeheeda Wahaabiyada ayaa laga dhex arkaa iyadoo qaar ka mida odeyadu ayna ku ganacsaneyn arintan kuna tukadaan "MasaajidkaYamanta", ama Rugta Muslinka ee Koonfurta Welishka oo uu Imaamka ka yahay Sheekh Said Hassan Ismail

Qoxooti

> *"Waanu baxsaney," ayey tidhi markaan kula kulmay xereda qoxootiga ee Mombasa's Utange. "Ka tegida anagoon sariirahaayagii hagaajin, kuraasida makhsinka cuntada oo foorara, Madbakhaayaga oon la xaadhin, weelkaayaga oo weli ku jira meeshii lagu meydhayey, mustaqbalkaayaga oo la foorariyey. Siddii ugu dhakhsaha badneyd ayaanu u orodney, anagoon isku howlin halkaanu ku sugnaandoono, miyiga oonu la joogno kuwa aan meelaha haysan, ama debedda iyo dadkaan wadamada laheyn. Waanu qaxnay, anagoo xidhayna albaabkii aqalkii reerkayaga anagoo u*

Refugees

"We just escaped," she said when I met her in Mombasa's Utange refugee camp, "Leaving our beds unmade, the chairs in our dining rooms upturned, our kitchens unswept, our dishes in our sinks, our future undone. We ran as fast as we could, not bothering where we might end up, in the country and among the displaced, or out of it and among the stateless refugees fleeing. We fled, locking up our family house as though we were going away for a weekend trip into the country. Afraid of what might occur to us if we stayed on, we didn't question the wisdom of our decision to leave."

Dejected in spirit, emaciated of body after an arduous sea journey in an overcrowded dhow, emptied of wise thoughts by the perils of first joining the displaced, then leaving Somalia and going into exile, she and my father told me what I understood then to be upmarket tales of horror.

— From Nuruddin Farah, *Yesterday, Tomorrow: Voices from the Somali Diaspora* (London: Cassell, 2000), p. 2

Somalis are, by far, the largest refugee population in Wales.[12] Unlike the seamen, who sought work and job opportunities, the refugee population have come for asylum and refuge. Many came after being subjected to long years of oppression and being driven out of their homes; others found no home to return to after their jobs in the Gulf States were terminated. The experiences of these refugees vary greatly. They can classified into the following three groups:

1. Asylum Seekers (1981-1988);

2. Gulf States Expatriates;

3. Civil War Refugees (after 1988).

The Asylum Seekers

The majority of this group were politicians, civil servants and students. With the exception of a few female students, most of these asylum seekers were men who left their families at home—after being subjected to constant surveillance and who were in danger of being imprisoned, as many of their colleagues had been. The students had also been involved in mass demonstrations after their teachers and a significant number of professionals in the northern towns had been imprisoned.[13] Those families who could afford to send their students abroad had done so for the sake of their safety.

haysana inaanu fasax miyiga aanu ayaama ku maqnaan doona. Kana cabsaneyna waxa nagu dhici doona haddaanu sii joogno, maanu is weydiin xikmada go'aankaayaga qaxa ah." Murugsanaanta nafta, qal-yayaxa jidhka ka dib socdaal badeed oo xun dusha laash carbeed oo laga buuxo, markaan la shucuur wadaago xikmada ka mid noqodka dadka debedda daadsan, haddana ka qaxa Soomaaliya, iyada iyo aabahayba waxay iiga warameen waxaan markii hore u haystey sheekooyin muruga leh oo la sameystey.

— Waxa laga soo xigtey buuga uu qorey Nuruddin Farah, *Yesterday, Tomorrow: Voices from the Somali Diaspora* (London: Cassell, 2000), p.2

Soomaalidu waa kuwa ugu baddan qoxootiyada degan welishka.[12] Iyagoo ka duwan badmareenada oo u yimid inay helaan shaqooyin, qoxootigu waxay u yimaadeen inay helaan magan gelyo iyo hoy. Intooda baddani waxay yimaadeen ka dib cadaadis iyo jidh dil baddan, lagana eryey guryohoogii; qaar kelena may haysan aqal ay ku laabtaan markay shaqaqii Gacanka Carabtu ka dhamaatey. Qoxootigu wuxuu u kala baxaa saddex qeybood.

1. Kuwa magan gelyada Rabay (1981 – 1988);

2. Kuwa ka soo Qaxay Wadamada Gacanka Carabta;

3. Kuwii kasoo Qaxay dagaalkii (ka dib 1988).;

Kuwa Magan Gelyadda Rabay

Kuwan intooda baddani waxay ahaayeen siyaasiin, kuwo dowlada u shaqeyn jiray iyo ardey. Laga reebo qeyb yar oo dumar ardeya ah, intooda baddani waxay ahaayeem rag ka yimid xaasaskoogii-ka dib markii indho gaara lagu hayey ayey naftoodii u baqeyn in iyana laga daba geeyo asxaabtoodii lagu riday Jeelasha. Ardayduna waxay ka mid ahaayeen kuwii bilaaway dhagaxtuurka markii la xidh xidhay macalimiintoodii iyo mutacalimiintii magaalooyinka woqooyiga.[13] Reerihii karayey inay caruurtooda debeda u soo diraanba way soo direen si ay u badbaadiyaan.

Maxay u yimaadeeen? Sidaanu hore u soo sheegnay, in yar kadib midowgii British Somaliland iyo Italian Somaliland loona bixiyey Jamhuuriyad Somalia sanadkii 1960kii, qanacla'aan ayaa ka bilowdey Woqooyiga. Taana waxa keentay cadaalad daro ay midnimadu abuurtay iyo arrimahooga bulsho oo kala duwanaa. Macalinka weyn ee I.M.Lewis, ee ka midka ah dadka ku xeelka dheer arrimaha Soomaalida, ayaa qanacla'aanta ku soo koobey buugiisa la magac baxay A Modern History of Somalia:

Why did they come? As previously indicated, soon after the union of British and Italian Somaliland to form the Somali Republic in 1960, discontent began to simmer in the North. This was due to the inequalities that the union had created and the drastic differences in the social climate. Professor I. M. Lewis, a leading scholar on Somali society, has summarised this discontent in his book *A Modern History of Somalia*:

> British exclusiveness and empiricism, the accent on quality rather than quantity in educational and social advancement, attachment to British concepts of justice and ideals of administrative conduct, and the strict separation of politics from administration, all contrasted in northern eyes with the apparently less rigorous standards of political and public service morality in the south and with the involute Italian bureaucratic tradition.... Shortly after the flush of patriotic enthusiasm which marked independence and union had abated, a certain disenchantment became apparent in the north. The north had sacrificed more than the south. The south, with the capital and the National Assembly at Mogadishu, was still the hub of affairs; but from its former position as the capital of a small state, Hargeisa had declined to a mere provincial headquarters, remote from the centre of things.... Northern pride found it hard to stomach this reduction in prestige.[14]

This situation deteriorated under the dictatorial reign of Siad Barre. Not surprisingly, the main opposition came from the North, where traditional institutions were relatively strong. After years of internal opposition, when many were imprisoned, the need for an opposition movement outside the country became increasingly acute. During the 1980s and early 1990s, the Northern population, mainly the Isaq clan, organised its opposition in three countries: the political and media work was mainly conducted in the UK, including Cardiff; the Gulf states expatriates undertook the financial burden; and the military wing, based in Ethiopia, carried out guerrilla war operations inside the country. Summarising the situation, an Africa Watch report stated:

> From 1982, Special Emergency Regulations were put into effect and civilians were placed under the jurisdiction of military tribunals and the Military Police. The extraordinary powers given to the military and the security forces under the state of emergency gave them unlimited power over the lives of civilians and led to a violent excess as a matter of policy. As the abuses grew, the resistance intensified and the response was increasingly violent.[15]

Is uririnta Biritshka iyo wadamo badan xukumidda, waxa laysku taxalujin jirey dunta waxqabadka ee layskuma taxalujin jirin tirrada waxqabadka ee dhinaca waxbarashadda, horumarinta bulshadda iyadoo lala xidhiidhinayo dariiqyada cadaalada iyo fikirka xafiis ka shaqeynta lana kala saarayo siyaasada iyo xafiis ka shaqeynta. Kuwaas oo dhamaan ay idheed garadka reer woqooyigu u arkayeen laba dhaqan oon isku mid ahayn, iyadoo reer Koonfurtu ku dhaqmayeen kala daadsanaanta dhinacyada siyaasada iyo waxqabadka guud oo ay ka dhaxleen Talyaaniga oo ay Siyaasadoodu sidaa ku dhisnayd...In yar ka dib markii ay dhamaatey jibadii wadaninimada ee ay beertey madaxbanaanidu iyo midnimadu, ayaa ay bilaamatey niyad jab dhinaca reer woqooyiga. Woqooyigu waxyaabo baddan ayuu iska daadiyey oo ka badnaa waxay waayeen reer Koonfurtu. Koonfurta waxa ku yaalay Caasimada, Golayaasha Baarlamaanka oo ka dhisnaa xudhurta Mugdisho ee go'aanada lagu gaadhi jiray, dhinaca kale iyadoo Hargeysi ahayd caasimaddii wadankii yaraa ayey bilowdey inay noqoto mid laga guuray, wax ka dhacaana aanay jirin...Reer Woqooyiga oo ahaa dad isku han weyn ayey arrintani ku noqotey cad aanay dejin Karin.[14]

Arrimuhu way sii xumaadeen markuu xukunkii la wareegey keligii tashadkii Siyad Barre. Waxa noqotey waxaan lala yaabin in mucaaridkii ugu horeeyey ka bilowdo Woqooyiga, halkaa oo ay ka dhisnaayeen hayado adagi. Sanado baddan markey mucaaridku ku salaysnaa waddanka gudihiisa uun ayaa ay timid baahi in Urur Mucaarid laga dhiso wadanka dibadiisa. Sideetanaadkii ilaa sagaashanadkii, reer Woqooyigu, badiba Isaaqu waxay bilaabeen inay mucaaridnimadooda ka dhex bilaabaan saddex waddan gudohood: Dhinaca Siyaasada iyo War Baahinta oo laga wadey wadankan Boqortooyada Midoobey, ooy ka mid aheyd magaaladan Cardiff, dhinaca maaliyada oo laga wadey wadamada Gacanka Carabta, qeybta Milaterigana waxa laga wadey wadanka Itoobiya, kuwaas oo bilaabey in si goos goos ah u galaan wadanka kana fuliyaan falal ciidameed. Kuwaas oo lagu soo koobi karo warbixintii ay qortey hayadda Africa Watch oo qorey:

> Laga bilaabo sanadkii 1982kii, waxa lagu soo rogey xukun degdega oo shicibka ku qasbey in lagu xukumo maxkamado Milateri gudohood iyo weliba ay maamulka iyo ilaaladaba ay hayeen Booliiska Milaterigu. Awoodaa xooga leh ee la siiyey Milateriga iyo qeybaha nabad sugidaba oo gacanta u galieyey awood aan xad laheyn oo ay ku xukimi jireen shicibka, kaas oo keeney tumid

The Gulf States Expatriates

The Gulf oil boom attracted many Somalis to the Gulf States for reasons of proximity, historic links and religious affiliation. Most of the Somali workers who settled in the Gulf States during the 70s and 80s were from the north and they had varying educational qualifications and skills. Some went earlier, for example, Muuze Ismeal Argin. He lived in the Middle East for forty years, thirty-six of them in Kuwait, where he worked as a mechanic and small businessman. After the invasion of Kuwait in 1990, he sent his family to Cardiff and then came to join them.

Somali workers in the Gulf States earned relatively high salaries and heavily invested their savings at home, building expensive houses in the main towns of the north. Traditional clan loyalties were strengthened as every new expatriate sought the help of his clan members to acquire residence permits and work opportunities. Those out of work were given financial support by their clan members until they got a job. On the other hand, those in employment were constantly asked to give monthly donations of support to those who were out of work.

As the opposition to the Somali military regime intensified, the government went to great lengths to deprive the opposition of its financial backing. This was done in different ways. The active members who collected the donations often had their request for passport renewal refused. In some cases the security services of the host country pressured them to stop collecting donations. Returning home during holidays became increasingly dangerous. Many of the workers lost their jobs because of these pressures, and, as they felt it risky to go home, they fled to western countries seeking asylum. These groups experienced strict Islamic laws while living in the Middle East and, as a result, most of them are strongly religious and their children have studied in Islamic schools.

The Post-1988 Refugees

I trained as a nurse. All my tutors were British and my training followed the British system. I worked as a nurse from 1973. After few years, I started to work on a self-employed basis and opened a pharmacy in Hargeisa in 1975. I had my business until the civil war in 1988. After the war started, I went to Mogadishu and applied for a visa to join my daughter in Cardiff, who was living with her husband. All my family came here in 1990.

xaddhaaf ah oo lagu hayey shicibka. Markuu batey xadgudubku, ayey korodhey mucaaridadu keenteyna in xoog lagaga jowaabo.[15]

Dadka ka soo Guuray Wadamada Gacanka Carabta

Markii ay bilaamatey soo saarka saliidu ayey dad baddan oo Soomaliyeed u gureen wadamada carabta si ay uga helaan shaqooyin iyagoo wadaaga dhaqan iyo xidhiidh soo jireen ahaa. Badi dadka wadamadaa ka shaqeyn jirey sanadihii u dhexeeyey todobaadtanaadkii ilaa sideetanaadkii waxay ahaayeen kuwo ka soo jeeda Woqooyigaa, iyagoo leh xirfado kala gedisan iyo tacliin heer sare ah. Qaar baaba ka horeeyey wakhtigaa sida Muuse Ismaciil Ergin. Wuxuu ku noolaa Barriga Dhexe in ka baddan afartan sanadood, lix iyo soddon ka mida wuxuu deganaa wadanka Kuwait, halkaa oo uu ka sheqeyn jirey isagoo ahaa Makaanik markii danbena ahaa maal qabeen kooban. Markii lagu soo duulay Kuwait sanadkii 1990 ayuu reerkiisa u soo direy magaalada Cardiff, isna uu ka soo daba dhoofey.

Soomaalida ka shaqeyn jirtey wadamada Gacanka Carabtu waxay qaadan jireen lacag fiican, waxayna aad wax u gashadeen wadankoogii hooyo iyagoo dhistey Guryo waaweyn oo qaali ah kana dhisteen gobaladii ay ka soo jeedeen, si ay xaasaskoogu hadhow ugu noolaadaan. Xidhiidhka qabiilkuna wuu sii kordhey iyadoo qof walbaaba kii xigey u soo saaro sharci uu ku dego wadamadaas si ay uga sheqeeyaan halkaa. Kuwa shaqada la'na waxa la siin jirey wax ay ku noolaadaan inta ay shaqo ka heleyeen. Sidoo kale kuwa shaqada haystana waxa laga qaadi jirey qaadhaan bilwalba si ay u biiliyaan kuwaan shaqada heysan.

Markuu soo batey mucaaridkii xukinkii milateriga ee talada hayey, dowladu waxay aad iskugu daydey inay cunaqabatayso ilihii dhaqaalaha ee mucaaridka. Tana waxay u cuskan jirtey siyaabo kala duwan. Qofka ururiya lacagta ayaa la iska hor taagi jiray inuu cusbaysiisto baasaboorka. Mararka qaarkoodna waxay cuskan jireen in ciidadamada dowlada ay la joogaani ku qasabto inay joojiyaan lacag ururintaa. Fasax u tegida wadankoogii hooyana wuxuu noqday mid khatar naftooda gelinaya. Qaar badan oo shaqaalahaa ka mida ayaa shaqadoodii beelay, sababahaa dartood. Iyagoo cabsi ka qaba ku noqoshada wadankoogii ayey door bideen inay u qaxaan wadamada reer galbeedka. Kuwan oo ku noolaa wadamo Muslim adag ah ayaa imika diinta aad u haysta caruurtoodiina geliyey dugsiyo Islaam ah.

I lost my business, and house during the civil war.

— From interview with Mohamed Abdi Ahmed, Cardiff, May 2004

This group of refugees has endured the most brutal experiences. Before 1988 they faced constant human rights violations of detention, imprisonment, curfews, house-to-house searches, military courts, etc. But after an all out civil war broke out in May 1988, the Somali government, unable to defeat the guerrillas, turned its military firepower against the civilian population. Artillery, tanks, air power—all of these were directed against civilians. Those lucky to survive roamed the countryside for months before seeking refuge in Ethiopia. It was in this period that many Somalis who lived in south Wales successfully applied to the government to bring to the U.K. members of their families who were languishing in Ethiopian refugee camps. Many of these refugees were families headed by single mothers whose husbands had been either killed or imprisoned. Their educational backgrounds varied from professionals to those who had had no schooling at all.

Over the past decade or so, Wales' Somali population has become increasingly diverse. This is especially true since the 1999 Immigration and Asylum Act. The Act established a national settlement strategy for asylum seekers, including the designation of Wales as a cluster region, accepting people awaiting decisions on their asylum claims. Previously, Somalis who came to Cardiff and Newport tended to be from the same area and related by ties of kinship—and thus not to be from rival clans. However this is no longer necessarily the case.

There is an increasing number of Somali young people in Cardiff. Somalis born in Britain make up a significant number of this population. Among Somalis they are usually known as "FISH and CHIPS" and they constitute a single body irrespective of their actual clan background. Many refugee youths have joined this group—who virtually amount to a self-constituted clan—and have adopted their lifestyles and language usage. Their collective identity is manifest in the sports events and weekly soccer games that they organise. Their team, known as the Somali Dragons (a name that signifies their bicultural status), has so far won many sporting events.[16]

It seems that some of the young refugees suffer from trauma. Although there has been no research conducted in this area so far, some local health professionals suggest that they have been traumatised by the terrible civil war in Somali and by cultural shock as a result of life in Britain.

Qoxootigii ka danbeeyey 1988kii

Waxaan bilaabey tababar Neeras. Macalimiintaydu waxay ahayeen Biritish, waxaanan wax ku bartey waxbarashad Biritishka. Waxaan ahaa neeras ilaa sanadkii 1973kii. Sanado yar ka dib waxaan furtey farmasii ku yaaley magaalada Hargeysa sanadkii 1975kii. Waxaan lahaa Farmasigaa ilaa uu dagaalkii dhacey 1988kii. Markuu dagaalku bilaamey waxaan u soo qaxney Muqdisho halkaa oon Fiisa ka dalbaney si aanu ugu nimaadno inanteyda oo Kaardhif deganeyd. Waxaanu dhamaantaayo soo galney wadankan 1990gii.

Farmasiigaygii iyo Gurigaygiiba waxaan ku waayey dagaaladii. Caruurtaydu waa 13.

—Waxa laga soo qaadey wareysi lala yeeshay Maxamed Cabdi Axmed, May 2004

Kooxdani ka midka ah qoxootigu waxay la derseeyn dhibaatooyin baddan. Ka hor 1988kii waxay ku noolaayeen nolol adag oo lagula kacayey waxyaabo baddan oo bili aadaminimada ka soo hor jeeday, iagoo jid dil, xadhig, bandoo, guri baadhid, xukun maxkamado miletery iyo dhibaatooyin kale oo baddan. Laakiin markii dagaalkii sokeeye bilaamay bishii May 1988, dowladii Soomaliyeed markay difaaci kari weyday ciidamadii jabhada ayey qoryeheedii ku soo jeedisay shicibkii, Hubkii cuslaa, taangiyadii, diyaaradihii dagaalka dhamaan waxay ku soo jeedisay shicibkii. Kuwii nasiibka badnaa ee ka baxay, waxay u ordeen miyiga bilo badana ku jireen jidka ilaa ay u talaabeen xeryhihii qoxootiga ee Itoobiya. Wakhtiyadaa ayey ahayd markii qaar badan oo Soomalida ku sugneyd UK dowlada weydiisteen inay keenaan ehelkoogii ku silicsanaa xeryaha qoxootiga ee Itoobiya. Kuwa dadkaa hormoodka u ahaa waxa ugu badnaa dumar ogoon korinayey oo ragoodii ama la dilay ama la xidhay. Tacliintooduna ay ahayd mid kala duwan, kuwa tacliin heer sare lahaa ilaa kuwo aan Iskuulba gelin.

Tobankii sano ee ugu danbeeyey , Soomaalida Welishka ku sugani way is bedeshay. Tana waxa sabab u ah xeerkii Socdaalada ee Wadankan ee 1999. Xeerkaas oo dhigay siday dadka qoxootiga ahi ugu noolaanayaan wadankan, kana dhigay Welishka meelaha dadka aan weli la ogolaani loo soo bedeli doono. Ka hor dadka Cardiff iyo Newport yimaadaa waxay u badnaayeen dad ka soo jeeda meelo isku mida , ehelna ah. Manayna ka soo jeedin qabiilooyin col ah. Laakiin hadda tani ma aha mid dhaba.

Tirada dhalinyarada Soomaaliyeed ee Cardiff way soo

Their stories, although important, are not included in this book: our focus is on the older generation.

Elders

Who are they? And why are they important?

The elders are regarded as the traditional leaders in Somali society. They are much revered. Recognised as having accumulated years of rich experience, wisdom and

Sheikh Adam Samater Yusuf, one of the most revered elders in Wales
Sheekh Adam Samatar Yuusuf oo ah odeyada Soomalida ee Welishka degan ee la ixtiraamo

judgement, they are regularly consulted on clan affairs; and they mostly have the final say in consultative meetings, where every adult male has the right to speak. Although many of them have only basic schooling, the elders are experts on the local environment, culture, genealogy, history, and oral poetry; some have called them "walking encyclopaedias". The respect they acquire from their own society gives them esteem, pride and self-confidence.

As previously indicated, most of the elderly Somalis in Wales, especially those who have been here for a long time, formerly worked as seamen. Many of the old seamen suffer from illnesses connected to their work at sea and some of them have not been compensated for these illnesses and injuries. Despite the respect they receive from their own society, there is a general feeling that the welfare state in Cardiff and elsewhere in the U.K. has failed to ensure that they have proper access to health and

kordhaysaa. Soomaalida ku dhalatey Birtana waxay qeyb libaax ka qataan tiradaa kordheysa. Soomaalida gudeheeda waxa loogu yeedhaa "Fish iyo Chips" (kaluun iyo baradho), waxayna yihiin koox midaysan, qabiilkay doonaan ha ka soo jeedeyne. Dhalinyaro badan oo qoxootiga ka mid ah ayaa ku biiray kooxdaa, kuwaas oo noqdey qabiil gooniya. Qaatayna dhaqankoodii iyo afkay ku hadlaanba. Astaantooda guud ayaa ka dhex muuqata tartan ciyaareedka iyo ciyaaraha kubada cagta ee todobaadlaha ay soo aagaasimaan. Kooxdooda, oo la yidhaa "Somali Dragons" Daraaganka Soomaalida, (magacan oo soo shaac bixiyey astaantooda guud), ayaa tartamo baddan ku guulasytey.[16]

Waxa la moodaa inuu jahawareer ku habsaday dhalinyarada qoxootiga ah. Iyadoo wax cilmi baadhisa aan lagu sameyn dhinacan ilaa hadda, kooxo baddan oo ka tirsan bulshada caafimaadka ee degaanku waxay ku taliyaan inay jahawareerka ay ugu wacantahay dhibaatooyinkii badnaa ee ay soo mareen markay wadankii ku noolaayeen iyo dhaqankan cusub ee ka duwan koogii oo iskugu darsamey. Waxaynu inagu ku jihaysanahay dhinaca waayeelka.

Waayeelka

Wa ayo iyagu? Maxaysa muhiim u yihiin?

Wayeelku waa hogaanka dhaqan ee bulshada Soomaalida. Aad baa looga danbeeyaa. Iyagoo la tixgelinayo waayo aragnimadooda soo jireenka ah, xikmadooda iyo taladooda, waxa had iyo jeer laga codsadaa aayo ka talinta qabiilka, weedhoodaana ah ta ugu danbeysa ee talada goysa marka ay tolku shirayaan ee ragu isku yimaado. Iyadoo intooda baddani ay tacliin kooban leeyihiin, odeyadu waxay khabiir ku yihiin, deegaanka, dhaqanka, abtirsiinta, taariikhda iyo gabayada: qaar baa ugu yeedha "buug cilmiyeed socda'.

Tix gelinta ay ka helaan bulshadooda ayaa ku abuurta xishmad, faanid iyo kalsooni. Doorka odayada Soomaalida ayaa lagu gartaa dharka ay gashan yihiin. Bulshada ay ka tirsan yihiin ku gartaan koofiyadohooga (koofiyadaha Muslimiinta), bakooradohooga iyo cumaamadohooga. Kuwaas oo kala duwan, kuwa gaagaaban iyo kuwa sida goyaasha ah, oo labaduba buugan ka dhex muuqdaan.

Sidaynu hore u soo sheegnay, odeyada Soomaalida ee ku sugan Welishku, siiba kuwa wadankan ku raagay ayaa ka soo sheqeeyey wadankan iyagoo badmareeno ah. Inta baddan badmareenada da'da ah, waxa soo food saarey cuduro la xidhiidha shaqooyinkoodii bada, intooda badana wax guna ah lagama siin dhawacyadaa gaadhay. Iyagoo tix gelintaa dheeraadka ah ka haysta bulshadooda ayaa haddana hayadaha gunooyinka ee Cardiff iyo wadanka intiisa keleba

social services. Moreover, the dominant culture has failed to acknowledge their contributions to British society—including, in particular, their contributions to World War Two. This book is a small step towards redressing that situation.

Cultural and religious differences put the Somali elders in a disadvantaged position in the wider British society. Somalis are known to be staunch believers in Islam and can also be seen as captives of their culture wherever they go and whatever they do. Any activity that is not appropriate to the broad boundaries of their faith and culture is simply boycotted. Thus, where there are no culturally and socially appropriate facilities, it is likely that Somalis will not make use of these services.

Recently, local and national government have begun to acknowledge this situation. Thus, Red Sea House, a residence for Somali men, opened in 2003. Some of the elders in this book live there.

Conclusions

This essay has sought to provide a brief overview of the Somali community in Wales, including both its historical background—which goes back four generations— and its current situation. We think it is important to tell this story since, otherwise, there is the risk that it will be forgotten. This chapter, like the book as a whole, is a necessary cultural-political intervention.

The next chapter contextualises the images in this book in relation to issues of photography and cultural theory. Following that, we come face-to-face with the elders' portraits. We hope that you will benefit from the encounter.

Notes

The original draft of this essay was written by Abdi Akli Ahmed while he was employed as a community historian and outreach worker at Butetown History & Arts Centre. Akli returned to Somalia in 2003. For the purposes of inclusion in this book, the essay has been substantially revised and edited by Glenn Jordan. A number of colleagues read and/or commented on versions of this chapter as it was being produced. The authors wish to express their gratitude to: Mr Abdi Arwo, Mr Abdikarim Adan, Professor Teresa Rees, Ms Penelope Sanders, Professor Chris Weedon, Mr Nigel Watson, Ms Tina Flemming, Dr Ismail Adam Mirreh and Ms Monique Ennis.

1. The best book on the history and presence of ethnic minorities in Wales is Williams, Evans and O'Leary, editors, *A Tolerant Nation? Exploring Ethnic Diversity in Wales* (2003). For an excellent early account of race relations in Cardiff, see

ay ku guul dareystayn inay helaan taageero caafimaad iyo mid bulsheedba. Ugu badnaan, dhaqankan ay la joogaan ayaa u qiri waayey waxqabadkooga Buslhada Biritshka ah-ay ugu mudantahay ka qeybgalkooga dagaalkii labaad ee dunida. Buuggani waa xubin yar oo ka mid noqota tixgelintooda.

Dhaqankooda iyo diintooda ka duwan ta waddankan ayaa culays ku keentay Soomaalida. Soomaalida waxa loo yaqaan kuwo ku adag rumeynta diintooda, iyagoo weliba dhaqankooga aad ugu adag meelkasta oo ay tagaanba. Wax kastoo ka soo horjeeda ama ka baxsan xuduuda diintooda ayaa noqota mid ay ka go'aan. Sidaa darteed meelkasta oon ku habooneyn dhaqankooga iyo diintoodaba, Soomaalidu ma isticmaalaan.

Beryahan danbe, dowlada hoose iyo ta dhexeba waxay isku dayeen inay arimahan waxa ka bedelaan. Taa ayaana keentay in la dhiso Red Sea House, oo ah xarun ay degaan odeyada Soomaalidu, oo dhowaan la furay. Odeyada buuggan ku jiraana ay badhkood ku nool yihiin.

Gabagebo

Curiskani wuxuu isku dayey inuu in yar dulmaro Bulshada Soomaaliyeed ee ku sugan Welishka, iyadoo la soo qaatey taariikhdooda-oo ka soo bilaamatey afar facood-iyo waxay hadda ku sugan yihiin. Waxaanu u malaynaynaa in ay muhuiim tahay in la sheego taariikhdan: haddii kale, waxay halis ugu jirtaa in la ilaawo. Qeybtani, sida buugga intiisa kale, ayuu yahay mid dhaqan iyo siyaasad ahaanba dhex u ah.

Qeybta xigtaana waxay sharxi doontaa xidhiidhka ka dhexeeya sawirqaadida iyo dhaqanka. Waxa taa xigi doonta qeybta aynu fooda saari doono sawirada muuqaalada ah ee odeyada. Waxaanu rajaynaynaa inaad kulankaagan ka faa'idaysato.

Xasuus

Qalinkii hore ee curiskan waxa iska lahaa Cabdi Caqli Axmed markuu ahaa taariikh qore bulshadeed iyo cilmi baadhe una shaqeynayey xarunta taariikhda iy farshaxanka ee butetown. Caqli wuxuu ku noqdey Somaliland sanadkii 2003. Ka qeyb gelinta buugan curiskan waxa lagu sameeyey isbedel baddan iyo habeyn uu ku sameeyey Glenn Jordan. Dad badan oo nala sheqeeya ama asxaab ah ayaa nala eegay, nalana habeeyey qeybo baddan oo buuggana. Qorayaashu waxay mahad u celinayaan: Mudane Cabdi Carwo, Mudane Cabdikarim Aadan, Professor Teresa Rees, Marwo Penelope Sanders, Professor Chris Weedon, Mudane Nigel Watson, Marwo Tina Flemming, Dr Ismail Aadam Mirreh: oo Turjumay Curiska Wadahadalka, Marwo Monique Ennis.

Kenneth L. Little, *Negroes in Britain* (1948).

2. This discussion draws on Lewis, *A Pastoral Democracy* (1961); also see Lewis *Saints and Somalis: Popular Islam in a Clan-based Society* (Haan Publishing, 1998).

3. For an overview of the history of Somalia from colonialism to the present see Lewis, *A Modern History of the Somali: Nation and State in the Horn of Africa* (2002). I. M. Lewis is widely regarded as the leading expert on Somali history, society and culture. Many Somalis do not agree with this—not least because Professor Lewis cannot speak Somali.

   Also see Drysdale, *The Somali Peninsula: A New Light on Imperial Motives* (1962).

4. There is an emerging literature on Somali oral tradition. See, e.g., Ahmed, *Daybreak Is Near: Literature, Clans, and the Nation-State in Somalia* (1997); Johnson, *Heelloy: Modern Poetry and Songs of the Somali* (1998); and Andrzejewski and Andrzejewski, *An Anthology of Somali Poetry* (1993).

5. Evans, "Regulating the Reserve Army: Arabs, Blacks and the Local State in Cardiff 1919-1945", *Immigrants and Minorities*, vol. 4, no 2, 1985, pp 68-115.

6. Evans, "The South Wales Riots of 1919", *Llafur: Journal of the Society for the study of Welsh Labour History*, vol 3, no 1, 1980, pp 5-29.

7. See Evans, "Regulating the Reserve Army", *Immigrants and Minorities*, vol. 4, no 2, 1985.

8. This is based on interviews conducted by Akli Ahmed with elderly Somali seamen in Cardiff, 2001.

9. Evans, "Regulating the Reserve Army", *Immigrants and Minorities*, vol. 4, no 2, 1985.

10. This draws on the following issues of the *Western Mail*, the national newspaper of Wales: 19th August, 16th September 1936, 29th October and 19th November 1936.

11. Amran Gass is the spouse of Ismael Ali Gass, one of the subjects included in this book.

12. Two thirds of the refugees and asylum seekers in Wales live in Cardiff. In 1997, the population of refugees and asylum seekers in Cardiff included: 700 Somalis, 40 Sudanese, 30 Vietnamese, 20 Iraqis, 5 Bosnians, 3 Kurds, 2 Jordanians, 2 Lebanese, 2 Kuwaitis, 1 Kenyan, 1 Algerian, 1 Macedonian and 1 Tamil. The refugee and asylum population of Newport in 1997 consisted of 70 Somali refugees and 18 Vietnamese. (Source: Vaughan Robinson, "Croeso i Gymru"—Welcome to Wales? Refugee and Asylum Seekers in Wales" in *A Tolerant Nation?*, p. 185.)

13. Amnesty International, *Somalia: A Long-term Human Rights Crisis* (London: Amnesty International, 1988).

14. Lewis, *A Modern History of Somalia* (1988).

15. An Africa Watch Report, *"Somali: A Government at War with Its Own People"*, New York, January 1990.

16. In 2001, they won the soccer championship of the multi-cultural football tournament in which 16 teams from Cardiff, Swansea, London, Manchester, and Birmingham participated.

1. Buuga ugu fiican ee dadka tirada yar ee ku sugan Welishku waa: *A Tolerant Nation? Exploring Ethnic Diversity in Wales* (2003), oo ay habeeyeen Williams, Evans and O'Leary. Tixraaca fiican ee soo xigta mudaharaadadii jinsiga ee Kaardhif, eeg Little, *Negroes in Britain* (1948).

2. Waxa qeybtan laga soo xigtey Lewis, *A Pastoral Democracy*; eeg weliba Lewis *Saints and Somalis: Popular Islam in a Clan-based Society* (1998).

3. Dul marida taariikhda Soomaalida laga bilaabo gumaysi ilaa imika eeg I. M. Lewis, *A Modern History of the Somali: Nation and State in the Horn of Africa* (2002). Lewis waxa badiba loo qirsan yahay inuu ka mid yahay dadka ku xeel dheer taariikhda, bulshada iyo dhaqanka Soomaalida. Soomaali baddan ayaan taa rumaysneyn isagoo aan af-soomaaliga ku haddal owgeed.

   Eeg weliba Drysdale, *The Somali Peninsula: A New Light on Imperial Motives* (1962).

4. Waxa soo shaacbaxaya qoraalo baddan oo soomaali ah oo wax ka qora sugaanta afka ee Soomaalida. Eeg, tusaale ahaan, Ahmed, *Daybreak Is Near: Literature, Clans, and the Nation-State in Somalia* (1997); Johnson, *Heelloy: Modern Poetry and Songs of the Somali* (1998); iyo Andrzejewski iyo Andrzejewski, *An Anthology of Somali Poetry* (1993).

5. Evans, "Regulating the Reserve Army: Arabs, Blacks and the Local State in Kaardhif 1919-1945", *Immigrants and Minorities*, vol. 4, no 2, 1985, pp 68-115.

6. Evans, "The South Wales Riots of 1919", *Llafur: Journal of the Society for the study of Welsh Labour History*, vol 3, no 1, 1980, pp 5-29.

7. Eeg Evans, "Regulating the Reserve Army", *Immigrants and Minorities*, vol. 4, no 2, 1985.

8. Tan waxa laga soo xigtay wareeysiyo uu qaaday Caqli Axmed oo uu la yeeshay odeyaal badmareeno ahaa oo Soomaaliya kulana yeeshay Kaardhif 2001.

9. Evans, "Regulating the Reserve Army", *Immigrants and Minorities*, vol. 4, no 2, 1985.

10. Tani waxa laga soo arooriyey maqaalo ku qornaa waraaqda Western Mail, oo ah Jariirad Welishka ka soo baxda: 19kii Oogost, 16kii Sebtenbar, 1936kii, 29kii Octoobar, iyo 19kii Noofanbar 1936.

11. Amran Gaas waa xaaska Ismaaciil Cali Gaas, oo ka mida odayada buuggan ku xusan.

12. Sadex qaybood marka loo qeybiyo laba qaybood ahaan qoxootiga ku nool Welishku waxay ku sugan yihiin Kaardhif. Sanadkii 1997, tirada qoxootiga iyo magan gelyo doonka Kaardhif ku sugani waxay haayeen 700 Soomaali ah, 40 Sudaani ah, 30 Fi'itnaami ah, 20 Ciraaqi ah, 5 Bosniyiin ah, 3 Kurdi ah, 2 Urdiniyiin ah, 2 Lubnaani ah, 2 Kuwayti ah, 1Kiniyi ah, 1 Algeeri ah, 1 Masedooni ah iyo 1 Tamili ah. qoxootiga iyo magan gelyo doonka reer Newport ee sanadkii 1997 waxay ka koobnaayeen 70 Soomaali qoxootiya iyo 18 Fi'itnaami. (Lag soo xigtay: Vaughan Robinson, "Croeso i Gymru"—Welcome to Wales? Refugee and Asylum Seekers in Wales" in *A Tolerant Nation?*, p. 185.)

13. *Amnesty International, Somalia: A Long-term Human Rights Crisis* (London: Amnesty International, 1988).

They also achieved the third place in the international multi-cultural tournament held in Italy in 2001 in which 74 teams participated. While this book was being prepared for publication, the Somali Dragons won the Refugee World Cup, a contest between teams from refugee communities in South Wales.

Bibliography/Buugtii laga soo xigtey

Ali Jimale Ahmed, *Daybreak Is Near: Literature, Clans, and the Nation-State in Somalia* (Trenton, New Jersey: Red Sea Press, 1997).

Amnesty International, *Somalia: A Long-term Human Rights Crisis* (London: Amnesty International, 1988).

B. W. Andrzejewski and Sheila Andrzejewski, editors, *An Anthology of Somali Poetry* (Bloomington: Indiana University Press, 1993).

John Drysdale, *The Somali Peninsula: A New Light on Imperial Motives* (Mogadishu: Somali Government, 1962).

John Drysdale, *Stoics without Pillows: A Way Forward for the Somalilands.* (London: Haan Associates, 2000).

Neil Evans, "Regulating the Reserve Army: Arabs, Blacks and the Local State in Cardiff 1919-1945", *Immigrants and Minorities*, vol. 4, no 2, 1985, pp 68-115.

Neil Evans, "The South Wales Riots of 1919", *Llafur: Journal of the Society for the study of Welsh Labour History*, vol 3, no 1, 1980, pp 5-29.

Catherine Hall, "Histories, Empires and the Post-colonial Moment" in Iain Chambers and Lidia Curti, editors, *The Post-colonial Question* (London and New York, Routledge, 1996), pp. 65-77.

John William Johnson, *Heelloy: Modern Poetry and Songs of the Somali* (Bloomington: Indiana University Press, 1998).

R. G. Jones, *Butetown, Cardiff: Change in Dockland Community from the Early 19th Century to the Present*, masters thesis, University of Keele, 1980.

Glenn Jordan, "Tiger Bay, Picture Post and the Politics of Representation" in G. Jordan, editor, *Down the Bay: Picture Post, Humanist Photography and Images of 1950s Cardiff* (Cardiff: Butetown History & Arts Centre, 2001), 9-21.

I. M. Lewis, *A Pastoral Democracy: A Study of Pastoralism and Politics Among the Northern Somali of the Horn of Africa* (London: Haan Associates, 1961).

I. M. Lewis, *A Modern History of Somalia: Nation and State in the Horn of Africa* (London: Westview Press, 1988; revised 2002).

I. M. Lewis, *Saints and Somalis: Popular Islam in a Clan-based Society* (Haan Publishing, 1998).

Kenneth L. Little, *Negroes in Britain: A Study of Social Relations in Britain* (London: Routledge & Kegan Paul, 1948).

Charlotte Williams, Neil Evans and Paul O'Leary, editors, *A Tolerant Nation? Exploring Ethnic Diversity in Wales* (University of Wales Press, 2003).

14. Lewis, *A Modern History of Somalia* (1988).

15. Riboodka Africa Watch, *"Somali: A Government at War with Its Own People"* (New York: Africa Watch, January 1990).

16. Sanadkii 2001, waxay badiyeen tartankii kubada cagta ee jinsiyadaha kala gedisan oo ay ka soo qeyb galeen 16 kooxood oo ka kala yimid Kaardhif, Swansea, London, Manchester iyo Birmingham ka soo qeyb galeen. Waxa kaloo ay galeen kaalinta sadexaad ee tartankii caalamiga ahaa ee dadka jinsiyadaha kala gedisan ee lau qabtay Talyaaniga sanadkii 2001 oo ay ka qeyb galeen 74 kooxood. Intii buugan la daabacayeyna waxay badiyeen kooxda Somali Dragons Koobkii Qoxootiga ee Caalamka, tartankaa oo ay ka qeyb qaateen kooxo ka kala socdey bulshooyin kala gedisan ee qoxootiga degan Koonfurta Welishka.

Hussein Ismael Abdi posing after seeing stylish photo of his 80-year-old cousin Ismael Ali Gas, 2004
Xuseen Ismaaciil Cabdi oo sawir kale galey markuu arkay sawir qaayo leh oo laga qaadey inaadeerkii Ismaaciil Cali Gaas 2004

What Kind of Photographs Are These? A Dialogue between Author and Photographer

Glenn Jordan

While preparing the material for this book, the author took the opportunity to engage in a series of short dialogues with the photographer. Below are some extended extracts from those interviews, which occurred in April and May 2004. They cover a number of topics including subject matter, audience, technique, style, race, meaning and politics.

Subjects

THE AUTHOR: What are these photographs about?

THE PHOTOGRAPHER: These images are about a history and a presence—in Wales, in the African diaspora. They are a cultural-political intervention.

THE AUTHOR: Okay. Who, then, are these men in the photographs? Are they immigrants?

THE PHOTOGRAPHER: Yes, technically speaking they are immigrants, but I am wary of that term because it tends to obscure as much as it enlightens. If by "immigrants" you mean that they are new arrivals on the scene or that they are outsiders who are not part of Welsh and British history and culture—if you mean that, then you are wrong. There are Somalis in Cardiff whose families have been here for four generations. There has been a Somali presence in Wales for more than 100 years.

THE AUTHOR: So, what status do the Somali elders have here?

THE PHOTOGRAPHER: To the average Western viewer, the men pictured in this book are anonymous and unimportant. But, within Somali society, they are men of considerable status, revered for their knowledge and experience. They are elders.

THE AUTHOR: Did you know any of them before you took their photographs?

THE PHOTOGRAPHER: Almost none of them. On the other hand, the researchers on this project, Akli Ahmed and Abdi Arwo, did know most or all of them.

Sawiradani Waa Noocma Dood ka dhaxeysa qoraaga sheekada iyo sawir qaadaha.

Glenn Jordan

Intuu diyaarinayey buugan, qoraaga buugu wuxuu isku hawlay dodo taxana ah oo gaagaaban inuu la yeesho sawir qaadaha. Hoos waxa ku xusan qaybo laga soo qaatay waraysiyadaa oo la qabtay bilihii April-May 2004. Waa mawduucyo dhawrah, sidda nuxurka arrinta; daawadayaasha, farshahanka, qaabka, jinsiga iyo siyaasadda.

Falayaasha

QORAAGA: Maxaa sawiradani ku lug leeyihiin?

SAWIRQAADE: Sawiradani waxay ku lug leeyihiin taariikhdii hore iyo maanta ee dalkan Welishka, Qixinta dadyawga Afrikaanka, waana isku dhaf dhaqan iyo siyaasadba.

QORAAGA: Waa yahay, hadaba waa ayo raggan ka muuqda sawiradani? Ma soogaleeti baa?

SAWIRQAADE: Haa, farsamo u hadal waa soo galeeti, waanse ka gaabsanayaa ereygaa waayo wuxuu caad saarayaa, intuu iftiimiyey in leeg. Hadaad soo galeyti ula jeedo inay dhawaan yimaadeen goobtan ama inay yihiin debed joogayaal, aan qeyb ka aheyn taariikhda iyo dhaqanka welishka iyo Biritshkaba waad geftey. Magaaladan Kaardhif Soomaalibaa joogta reerahoodu afar owoow degan yihin halkan, joogitaanka Soomaalida ee Walishku waa muddo 100 sanadood ka baddan.

QORAAGA: Hadaba mudnaantee ayey odayaasha Soomaalidu ku leeyihiin dalkan?

SAWIRQAADE: Daawadaha Reer Galbeedka caadiga ah raga ku sawirani buugan waa kuwo ah lama yaqaano, waxna ku fadhiyin, ha yeeshee, Bulshada Soomaalida dhexdeeda, waa rag mudnaan weyn ku leh, laguna maamuuso aqoontooda iyo waayo aragtinimadooda, waa guurti.

QORAAGA: Miyaad cid ka tiqiin ka hor intaanad sawirin?

SAWIRQAADE: Mid keliya kamaan aqoon, waxa ii suurta geliyey Caqli Axmed iyo Cabdi Carwo oo ah cilmi baadhayaasha mashruucan oo aqoon u leh badidooda ama

THE AUTHOR: What were you trying to say about them? Given that these are portraits, were you trying to reveal their inner personalities?

THE PHOTOGRAPHER: I'm not sure I know what "inner personality" is: I spent too many years studying psychology and subjectivity to make easy use of concepts like that.

Did I have a specific photographic agenda, a kind of visual statement in mind? Not really. My sense of what these images would look like evolved as the project developed.

THE AUTHOR: Where were the sitters recruited from?

THE PHOTOGRAPHER: They were recruited, in most instances, from the two mosques in the Butetown (or "Tiger Bay") area of Cardiff, where large numbers of Somalis regularly attend Friday prayers.[1] A few were photographed at two Somali centres (the Somali Senior Citizens' Club and the York Hall Somali Day Centre) in East London and in Red Sea House in Cardiff.

Group photo after individual portraits: Abdihakim Arwo (researcher), Said Adan, Ahmed Yonis, Mohamed Ahmed Adan, Ibrahim Hussein Abby and Abdi Adan (seated), 2004.
Sawir kooxeed ka dib markii laga qaaday sawi gooni gooniya: Cabdixakim Carwo (Cilmi baadhe), Saciid Aadan, Axmed Yoonis, Maxamed Axmed Cabdi, Ibraahim Xuseen Caabi iyo Cabdi Aadan (Fadhiya), 2004.

Also, I should tell you that everyone who came to participate in the photographic sessions has been included. Thus, cultural-democratic considerations took precedence over purely aesthetic judgements.

THE AUTHOR: Why do you think they were willing to participate?

THE PHOTOGRAPHER: Perhaps they feel that their history is important. Perhaps they are aware that representation matters.

dhamaantoodba.

QORAAGA: Maxaad isku dayeysey inaad ka sheegtid sawiradan; ka dhig inay yihiin muuqaalo, miyaad isku dayeysey inaad muujisid shakhsiyadooda?

SAWIRQAADE: Ma hubo, waan garanayaa waxaad u jeedo muddo badan ayaan baranayey cilmiga nafta iyo ka macnowigaba si fududna isticmaal laguma sameeyo fikraddaha noocaas ah. Maskaxda ayaan ku hayey hagid gaara oo sawireed, sida muuqaalo, akhris, ma aha runtii dareenkaygu in ay muuqaladanu u eekaan doonaan siday imika isku soo tarmeen intii mashruucu fidayeyba.

QORAAGA: Halkee Dadka la sawirayo laga keenay.

SAWIRQAADE: Badiba, waxa laga kala keenay labada masaajidee ku yaal Butetown ama Tiger Bay, halkaa oo ay tiro baddan oo Soomaaaliyi si joogta ah uga soo qeyb galaan Salaada Jimcaha.[1] Sidoo kale, waxaan kuu sheegayaa in qofkasta oo ka soo qeybgaley fadhiga sawir qaadida in laga qeyb geliye. Waxa ka la isticmaalay dimiquraadiyadii dhaqanka.

QORAAGA: Maxaad ugu malaynaysaa inay diyaar u ahaayeen inay ka qeyb qaataan?

SAWIRQAADE: Waxa la arkay inay dareensanyihiin in taariikhdu mudantahay. Lana arkay inay ka raaridantahay wakiilnimaduna waxtar leedahay.

QORAAGA: Ma jireen odayaal Soomaaliyeed oo diiday in sawir laga qaado?

SAWIRQAADE: Haa, dabcan, laakiin aad ayey u tiro yaraayeen.

Waxa xiiso leh, waa da'yarta Soomaaliyeed kuwa inta baddan kasoo horjeeda, sababo diineed darteed in sawiradooda la qaado oo la soo bandhigo. Waxaan ka shaki qabaa in Welishka iyo meelo kaloo baddan, in ay aaminsanyihiin dhaliyaradu dhaqanka Islaamka asal raaca ah.odeyaduna ka duwan yihiin.

QORAAGA: Maxayna Dumar ugu jirin sawiradan?

SAWIRQAADE: Waan ku faraxsanahy inaad arrintan ogaatey, niyad jab ayey ahaan lahayd haddii daawadayaashu dareemin arrintaa. Sababta aan haweenku uga muuqan sawiradan waxay la xidhiidhaa Taariikhda iyo Nolol maalmeedka iyo weliba Bulsho nololeedka Soomaalida dhexdeeda.

Aan soo hor qaato qodobka Taariikhda 30kii sannodeed ee ugu danbeeyey ayey haweenka Soomaaliyeed yimaadeen

THE AUTHOR: Were there Somali elders who refused to have their photographs taken?

THE PHOTOGRAPHER: Yes, of course. But they were very much in the minority.

Interestingly, it is younger Somalis who are most likely to raise objections, on religious grounds, to having their photographs taken and displayed. In Wales, and, I suspect, many other places as well, fundamentalist Islam has a much greater grip on the young than it does on the old.

THE AUTHOR: Why are there no women in these photographs?

THE PHOTOGRAPHER: I'm glad you noticed that: it would be upsetting if viewers did not. The reasons women are not present in these images are to do with history and everyday social life in the Somali community.

Let me take the history point first. It is only in the last 30 years or so that Somali women have begun coming to Cardiff. Thus, older Somali women do not belong to the history of Somalis in Wales in the way that the men do.

The second point has to do with culture: as a male photographer, it would be difficult, if not impossible, for me to do portraits of Muslim women. I think such a project on Muslim women in Wales should be done and, as it turned out, I have discussed the idea with a female photographer who has worked in Islamic countries.

Incidentally, when I said to my Somali community researcher that I wanted to do a photographic project on "Somali elders", I did not specify whether the participants should be male or female. As it turned out, all of the people who came to be photographed were male. This was even the case when two of the elders brought along a few of their descendants: one brought his son and grandson; the other brought his nephew and nephew-in-law. All cultures have rules regarding what males and females should or should not do.

THE AUTHOR: Interesting. I notice that many of the men have walking sticks and that most of them have fine hats, apparently with beautiful embroidery. Can you explain the significance of these items?

THE PHOTOGRAPHER: I'll try, although let me say at the outset that I'm not an expert on Somali history, society and culture. In this project, unlike most, I was the photographer, not the ethnographer.

The presence of the hats is easy to explain: they are Muslim men and Muslim men, traditionally, tend to

Kaardhif sidaa darted ayaan islaamaha Soomaaliyeed meel kaga jirin Taariikhda Soomaalida ee Welishka sida ay ragu meel hore kaga jiraan.

Qodobka labaad waa mid la xidhiidha dhaqanka, way adagtahay in aan sawir ka qaado anigoo sawir qaade lab ah inaan sawiro haween Muslimiin ah. Waxaanan qabaa in mashruucan oo kale, sawiradda haweenka Muslimiinta ah ee Welishka in la sameeyo, fikraddan waxaan kala hadlay sawir qaadad dhedig ah oo ka soo shaqeeysay dalal baddan oo Muslim ah.

Markaan ku idhi cilmi baadhihii Jaaliyadda Soomaaliyeed inaan ku talo jiro inaan mashruucan sawir qaadida bilowno. Mashruucan oo noqon doona mid lagu sawiri doono dadka Soomaaliyeed ee dada waaweyn ma qeexin lab ama dhedig; sida ay u dhacday, dadkii u yimid in la sawiro, dhamaantood waxay noqdeen lab. Sidoo kale ayey u dhacdey markii laba ka midda odayaashu caruurtoodii keeneen, mid wuxuu keenay wiil uu dhalay iyo mid uu awoow u yahy, kii kalena wuxuu keenay inankuu adeerka u ahaa iyo kuwiisii uu dhalay. Dhamaan dhaqanadu waxay leeyihiin xeerar u yaal wax qabadka labka iyo dhediga.

QORAAGA: Gartey, waxa muuqata in dhawr nin sitaan bakoorado/ulo, badiddduna ay gashan yihiin koofiyado si qurux baddan u xardhan, ma ii sheegi kartaa waxa ay ku fadhiyaan labaadaa shey?

SAWIRQAADE: Sawir qaade; waan isku deyeyaa, inkastoo an kuu sheegee aanan xeel dheer u lahayn Taariikhda Bulshadda Soomaaliyeed. Mashruucan isaga ah, waxaan ahaa sawirqaade, ma ahayn Bulsho yaqaan:

Way fudutahay sharaxa koofiyadu. Waa Rag Muslim ah, dhaqan ahaana koofiyadu waa u caado.

Arrinta Bakooradaha, waxaan ka shaki qabaa inay tahay dhaqan hore oo casriyeeysan. Dadyoowga reer Somaliland ee gurigooga ka dhigtay Welishku waxay muddo laga joogo boqolaal sannadood ahaayeen xoolo dhaqato, gaar ahaan geel jire, sidoo kale haddaad u fiirsato, waa odayaashii, gaar ahaan kuwa ulaha sitaa. Taasi waxay iftiiminaysaa inay uluhu yihiin astaamo qadarineed iyo sidoo kale adeegsi socod.

QORAAGA: Dhinaca kale, eeg Cali Moxamed Axmed (Sawirka 15) oo adeegsanaya dalaayadiisa su uu ugu tiirsado; maxay taasi qeexaysaa?

SAWIRQAADE: Waxay qeexaysaa inaan ulaha socodku ahayn arrin maamuus muddan balse sidoo kale tahay arrin qaab dhis ah. Si kastaba ha ahaatee waxa xiiso mudan in rag badan oo ula sitaa ay la'aanteed si toos ah u socdaan.

routinely wear such hats.

Regarding the walking sticks, my suspicion is that they are a modern appropriation of an ancient tradition. The people of northern Somalia, the homeland of the Somalis in Wales, have been pastoralists, specifically camel herders, for hundreds—probably thousands—of years. Also, note that it is the elders, specifically, who carry the walking sticks. This suggests that the sticks may also be signifiers of status and honour—as well as, where necessary, mobility aids.

THE AUTHOR: On the other hand, look at Ali Mohamed Ahmed (Plate 15) using his umbrella as a prop. What does this suggest?

THE PHOTOGRAPHER: It suggests that the walking sticks may be a matter not only of status but also of style. In any event, it is interesting that a number of the men who carried the sticks seemed to walk perfectly well without them.

Audience

THE AUTHOR: What do you want these photographs to do to people who encounter them? What do you want the audience or viewers to experience?

THE PHOTOGRAPHER: I would hope that these images challenge our perceptions, extend our knowledge and, perhaps, engage our emotions.

THE AUTHOR: Who is your intended audience? Who is this book for?

THE PHOTOGRAPHER: We live in a socially and culturally diverse society, in a socially and culturally diverse world. *Somali Elders* is intended for a plural audience, a wide and varied readership. In particular, I hope that it will be read-seen by people in Britain, especially in Cardiff and the larger community of Wales—and that it will cause them to reflect on whether the narratives of history they have learned are sufficiently inclusive.

I hope that *Somali Elders* will be read by Somali people in the UK, Europe, Africa and around the world. The faces and experiences recorded here belong to their history—as they do to the history of Cardiff, Wales and Britain—and should be a source of inspiration and pride.

I hope that other Black people, i.e., people of African descent who are not Somali, read this book. When most of us think of Black history or African diaspora history

Daawadayaal

QORAAGA: Maxay sawiradani u sheegi karaan dadka la kulma? Maxaad rabtaa in sawiradani ku dhalin karaan daawadayaasha?

SAWIQAADE: Waxaan duraynayaa in sawiradani boosiin doonaan aragtideena, fidin doonaana aqoonteena, dareenkeenana taaban doonaan.

QORAAGA: Waa kuma daawadaha aad abaaraysaa? Buugani ayuu u jeedaa?

SAWIRQAADE: Waxaynu ku noolnahay bulshooyin kala duwan, bulsho ahaan, dhaqan ahaan, duni bulsho ahaan u kala soocon. Buuggan *Odeyada Soomaalidu*, wuxuu abaarayaa dawadayaal qof qudha ka baddan, akhristayaal baaxad leh oo kala noocyo ah. Gaar ahaan waxaan rajaynayaa inay akhri araga uu noqon doonto dadka ku nool Biritishka, siiba Kaardhif iyo jaaliyadda balaadhan ee Welishka. Waxaana ka dhalan doonta inay ka turjunto in dhacdooyinka Taariikhda ay bartaan yihiin kuwo si isku siman isugu jira.

Waxa kaloo aan rajaynayaa in *Odeyada Soomaalidu* ay akhrisan doonaan Soomaalida ku nool UK, Yurub, Africa iyo dunida oo dhami; sida ay uga midka yihiin Taariikhda Kaardhif, Welishka iyo Biritishkaba., waana inay noqdaan meel ay hanka iyo himiladuba ka soo arooraan.

Waxa kaloo aan rajaynayaa in dadka kale ee madoobi, sida dadka aan Soomaalida ahayni ee ka soo jeeda Africa, inay buuggan akhristaan marka inteena badani ka fekeraan Taariikhda dadka madow, waayo qurba jooga Africa, maskaxdooda ma soo gasho Soomaalidu Waa inay soo gashaa.

Waxaan rajaynayaa in da'da yar yari iyo macalimiinta Iskuuladu buuggan akhriyaan, wuxuu wax ku kordhinayaa wax barashada ku salaysan dhaqamada kala jaadka ah iyo is jidh diidka.

Waxaan rajaynayaa in daawadayaashu ay ku jiri doonaan Muslim-diidayaal. Waxaan qoondeynayaa hadday isku hawlaan inay u fiirsadaan oo dhegeystaan in tiro ka mid ihi badbaadaan.

Ugu danbeyntii, waxaan rajaynayaa in dadka inta xiisaysa sawir qaaddida iyo Muqaal Aragu ay akhristaand buuggan. Inkasta oo aanan isku qabin sawirqaade heer sare ah, waxaan malaynayaa in buuggani xanbaarsanyahay ujeedo qaayo leh.

QORAAGA: Buuggaagta ka soo baxa Welishku waxa lagu

and experience, our thoughts do not include Somalis. They should.

I hope that young people and teachers encounter this book; that it contributes to multicultural and anti-racist education.

I hope the audience includes Islamaphobes. Perhaps, if they can bring themselves to look, and listen, a few of them might be saved.

Finally, I hope that some people who are interested in photography and visual imagery read this book. Although I make no claims to be a brilliant photographer, I think there is important content here.

THE AUTHOR: Most bilingual productions in Wales are in English and Welsh. Why is the book in English and Somali?

THE PHOTOGRAPHER: Because, as I said a moment ago, I want Somali people, here and elsewhere, to read it. Actually, I want them to do more: I hope that they will claim ownership of it; that they will regard it as theirs.

Initially, I had hoped that *Somali Elders* would be published in English, Somali and Arabic. That would have increased its accessibility within the North African and Middle Eastern world. However, given our resources, that task proved too difficult. Perhaps later, someone will produce an English-Arabic edition. I would be pleased with that.

Technique and Style

THE AUTHOR: Is this social portraiture?

THE PHOTOGRAPHER: The term social portraiture is used to indicate a practice that contrasts with society portraiture. While the latter involves producing photographic images of celebrities, the latter is concerned with portraying ordinary people who would other remain anonymous to the general public. While society portraiture is concerned with famous, glamorous and powerful individuals, social portraiture—classic examples include the work of August Sander and Diane Arbus—is concerned with social types, e.g., "Bavarian farmer", "Jewish dressmaker", "Chinese peasant".

The Somali Elders project shares the concern of social portraiture to photograph people who are un-famous— who are not well known in the large society; who lack prestige, power and visibility. However, I do not photograph them as types: rather, they are named individuals, unique personalities, with their own modes of

qoraa afafka Ingiriisiga iyo Welishka; muxuu buuggani ugu qoranyahay Ingiriisiga iyo Soomaaliga.

SAWIRQAADE: Siddaan hore u idhi in dadka Soomaaliyeed ee ku sugan halkan (Welishka) iyo meelo kaleba ay akhristaan buuggan. Run ahaantii, intaa in ka baddan ayaan rabaa inay qabtaan. Waxaan rajaynayaa inay sheegandoonaan lahaanshihiisa, kana dhigi doonaan hantidooda.

Ugu horeyntii waxaan rajaynayey in "*Odeyada Soomaalidu* uu ku soo boxo Afafka Ingiriisiga, Carabiga, Soomaaliga iyo Welishkaba, taasi waxay kordhin lahayd inuu gaadho dunida Woqooyiga Africa iyo Bariga Dhexe, hase yeeshee awoodaayada dhaqaale awgeed, waxay noqotey mid nagu adag. La arkee muddo danbe in uu qof soo saaro daabacadda buuggan oo ku qoran Ingiriisi - Carabi, taasina waa arrin farxad dhalin karta.

Farsamo Iyo Qaab

QORAAGA: Kani ma sawir bulshadeedbaa?

SAWIRQAADE: Ereyga sawir bulshadeed waxa loola jeeddaa inuu ka duwan yahay sawir bulsho. Meesha magaca danbe ay ka mid yihiin soo saaridda muuqaalka sawirada dadka caanka ah, magaca hore wuxuu khuseeyaa sawiraada dadka caadiga ah, kuwaasoo haddii kale noqonaya lama yaqaanno ama kuwo aan la ogeyn dhinaca dadweynaha guud. Meesha sawir bulsho khuseeyo dadka la yaqaan ee ka muuqda bulshada dhexdeeda, sawir bulshadeed-tusaalaha ugu sareeya ee laga bixin karaa uu ka mid yahay wax qabadka August Sander iyo Diane Arbus wuxuu khuseeyaa noocyada Bulsho ee ka duwan sidan "Beeralayda Bafariyan" Yuhuudiga dharka sameeya iyo shiinaha dhulka fala.

Mashruuca Odeyaasha Soomaalidu wuxuu dareenka la wadaagaa sawir Bulshadeed la sawiro dad aan Bulsho weynta laga aqoon aan lahayn martabad awood iyo muuqaal. Haseyeeshee umaan sawirin nooc ahaan, balse waa dad magacyo leh, shakhsiyado gaara leh, lehna hababkooda gaarka ah ee ay is u soo bandhigayaan. Sidaa darted mashruucan laguma cadayn karo inuu ka mid yahay laba dhaqan ee caanka ku ah sawiradda Muqaalada bulshada.

QORAAGA: Sawirqaade Cartier-Bresson, kasoo aan ogahay inaad maamuustid, ayaa hore uga digay in "arrintaa ah in aad looga cabsoodo ay tahay sawiraada la xeelaayo". Maxaad ka odhan lahayd sawiradaada arrintan?

SAWIRQAADE: In badani igama khusayso su'aashaa "xeeladayntu" waa qayb aan looga maar-mayn sawirr-

self-presentation. So, this project should not be classified as belonging to either of the two best-known traditions of portraiture.

THE AUTHOR: Cartier-Bresson, a photographer who, I know, you greatly admire, warned once that "the thing to be feared most is the artificially contrived". What would you say about your photographs in relation to his admonition?

THE PHOTOGRAPHER: Much of this question does not interest me. "Contrivance" is an inevitable part of portrait photography—whether the product is passport photographs, studio photographs or social portraiture in "natural" contexts (e.g., inside a home or on a city street). From my point of view, one interesting issue is: Who's doing most of the "contriving", the photographer or the sitters? In these photographs, I think the subjects are active participants, who have considerable control over how they are being represented.

THE AUTHOR: Let me put the question another way: Are these photographs staged?

THE PHOTOGRAPHER: Yes, but, let me assure you, only minimally so.

I provided no props or backdrops. I didn't use a tripod. I didn't use flash, except in a very few cases when it was absolutely necessary.[2]

Ismail Issa Elayeh, Cardiff, 2001
Ismacil Ciise Ileeya

And I didn't use studio lighting—which, as you know, can totally transform what a sitter looks like.

THE AUTHOR: What do you mean you didn't use studio lighting? For example, look at Plates 2, 9, 12 and 22 or 36, 55 and 56. Surely that is studio lighting of some sort.

THE PHOTOGRAPHER: No, that is already-existing

qaadidda...Ha noqoto waxa soo baxaa sawirada baasaboorka, Sawirada lagu qaado qolka sawirada ama sawir-qaadeed dabiici ah sida kuwa guryaha dhexdooda ama magaalada laamiyadeeda. Aniga aragtidayda arinta xiisaha mudani waxay tahay: yaa hor jooga inteeda badana samaynaya? Ma sawir-qaadaha mise la-sawirayaasha. Sawiradan, waxaan qabaa in
dadku yihiin ka qayb galayaa fir-fir coon, oo gacan weyn ku leh si ay u rabaan
in loo sawiro.

QORAAGA: Su'aasha aan si kale u dhigee: sawiradani ma kuwo matilaad baa?

SAWIRQAADE: Haa, hayeeshee, waa meesha ugu hoosaysa matilaadda.

Ma adeegsan qalab-masraxeed, ama dhar-masraxeed ma adeesan fadhi 3 lugooda, ma isticmaalin.
Iftiinka kamaradda aan ahayn meelo dhowr ah oo looga maarmii waayey, (Tusaale ahaan, Sawirka Maxamed b. 48)[2] Aadan Axmed ma isticmaaliin iftiinka qolka-sawirka, kaaso sidaad u ogtahay, keeni kara inuu guud ahaan bedello sida la sawiruhu u eeg yahay.

QORAAGA: Maxaad ula jeedda ma isticmaalo iftiinka qolka-sawir-qaadka? Eeg sawirada 2, 9, 12 iyo 22 ama 36, 55 iyo 56 hubbaashii, taasi waxay shaabahdaa iftiiminta qolka sawir-qaadka.

SAWIRQAADE: May iftiinku horuu uga jiray rugta bandhigga sawirada, waanan ka faa'iideystey, arrimo bilic farshaxan awgood.

Si kastaba ha ahaate, sidaan u lahaaba, ma isticmaalin qalabka la yaqaan ee sawir-qaadidda. Halkan ma jiraan fadhiiyo 3 lugood ah ama iftiinka qolka sawirka, gacanta ugu yar ayaan ka geystey sida la sawirayaashu u fadhiisanayaan ama isu taagayaan.

Tu susaale ahaan, eeg sawirka Ibraahim Xuseen Caabi (Saworka 22) ama eeg sawirada kooxda. Sawir kooxeed la qaaday 2001dii , waxa toosin ah oo aan ku lahaa ma jarin (b. 36). Saddex – sano ka dib kuwii la qaaday (b. 32) waxaan ka dhiibtey in midkood xagga hore fadhiisto iyaga (la sawirayaasha) ayaa doortay siday isu safayaan kan fadhiisanaya iyo ka istaagaya.

Sawirada matilaad ahaan looqaaday waa kuwa Maxamuud Jamac Maxamed oo daaqadda hoos taagan (Sawirka 65), Maxamed Xamse, oo saaxiibaday ka tirsan, ahana nin farshaxan ah oo u dhashay sudaan ayaa u tilmaamay inuu taago halka ugu habboon iftiin-ahaan islamarkaana wuxuu u tilmaamay halka ay tahay inuu ego dhugo sawirkaa waxa la qaaday markii Xamse u tilmaamay inuu eego jiho khaas

lighting in the gallery. I simply took advantage of it—for artistic-aesthetic reasons.

Anyway, as I was saying, I didn't make use of any of the traditional portrait photographer's tools: there's no tripod or studio lighting involved and I provided only very minimal direction as to where or how the subjects should sit or stand.

Left to right: Yusuf Suleban, Ibrahim Ali, Abdi Akli Ahmed, Haji Ismael Haji Ibrahim. Cardiff, 2001
Biddix laga bilaabo: Yuusuf Saleebaan, Ibraahim Cali, Cabdi Caqli, Xaji Ismaaciil Xaji Ibraahim. Cardiff, 2004

For example, look at the photograph of Ibrahim Hussein Abby (Plate 22). Or look at the group portraits. In the group photographs taken in 2001, I gave no directions at all (p. 36). In the one taken three years later (p. 32), my only suggestion was that perhaps one of them should sit in front. They chose how they would line themselves up, who would sit and who would stand, etc.

The most "staged" photographs of all are those of Mahamud Jama Mohamed standing by the window (Plate 65). I asked one of my friends, Mohamed Hamza, a local painter who is from the Sudan, to position him in terms of the best light. He also directed him as to where he should look. That photograph was taken just after Hamza had directed him to look in a specific direction. Although I think that is one of my best photographs, I feel somewhat uneasy about the way it was taken. I want my images to be expressive of the subject, not a product of stage direction.

I think of my photographs as beginning with what presents itself to the camera. I do not seek to produce images that flatter or lie.

THE AUTHOR: Who are these photographs about, the sitters or you?

THE PHOTOGRAPHER: Among artistic photographers who produce exhibitions and books of portraiture, the

ah, inkastoow qabo inuu ka mid yahay musawiradayda kuwa ugu wanaagsan: Hadana ku ma calool fiyoobi habka loo qaaday. Waxaan doonayaa in sawiradaydu muujiyaan dareenka la sawirayaashe, aaney noqon kuwo ka dhasha masrax jihayn.

Waxaan qabaa in sawiradaydu noqdaan kuwo kamaradda. Ma doonanyo inaan soo saaro sawiro been abuur ah ama iska yeel yeel ah.

QORAAGA: Sawiradani yay yihiin, ma adigaa mise waa la sawirayaaha?

SAWIRQAADE: waxa ka mid ah sawir-qaadayaasha farshaxaneed kuwo soo saara sawir. Bandhigeedyo iyo buugaag sawireed; xilli la socodkuna waa inaad soo saartid wax-qabad ka sheekeeya sawir-qaadaha halkuu kuu saabsanaam lahaa la sawirayaashe. (Waxaan maanka ku hayaa sawir-qaadayaasha kala ah Diane Arbus, Richard Avedon iyo Lee Friedlander); inkastoo aan qabo in hawl-qabadka raggaas qarkood maskax-ahaan xiiso – gaara leeyihiin, , xiiso qof ahaaneed uma qabo inaan waddadaa maro. Ruuntii, waxaan si akhlaaqa u sheegayaa in farshaxankan intiisa badani tahay ka-dul-faa'iideysi.

QORAAGA: Intaad sawirka qadaysay miyaad la hadleysey la sawirayaasha?

SAWIRQAADE: Ma badna, is dhex-galku wuxuu ahaa mid muddo kooban ah iyadoo la tusayo sawiradu sida ay u soo baxayeen. Waxaan tusayey dhowr sawir oo ka muuqda kameradda xageedda dambe anoo weydiinaya inay yihiin "okay". Jawaabahoodi anoo xukumayn; dhabahaantii way ka heleen sawirada: xir fadda farsamo ee loo qaadeyna waxay u arkeen mid soo jiidasho leh.

QORAAGA: Waxa ii muuqatay in sawirada qaarkood la qaaday sannadkii 2001, qaar kalena 2004, maxay ku dhacday? Habkaagii sawir-qaadku muu isla bedeley xilliga?

SAWIRQAADE: Laba sanoo meesha ka maqan waxa keenay duruufo ka baxsan awoodeyda. Soomaaligii cilmi—baadhaha ahaa ee hore iila shaqaynayey Soomaaliland ayuu ku laabtay. Waxay noqotay inaan sugo intaanu heleyno deeq-lacageed intaanan qoran cilmi badhe kale intaad samaynaysid cilmi—baadhis ama maamuleysid mushruuc bulsho. Arrimo way dhacaan.

Ta ku saabsan is bedelka habkay, waa waydiin aad u wanaagsani waan isku deyaa in aan sharaxo

Ugu horayntii sawiradii la qaaday 2001 badidooda, waxaan rabay la sawirayaasho inaanay dhaadin kamaradda. Taa darteed waxaan doonay inaan sawiro ka qaado intay

trend is to produce work that is more about the photographer than it is about the subjects. (I'm thinking here of photographers such as Diane Arbus, Richard Avedon and Lee Friedlander.) While I may find some of this work intellectually interesting, I have no personal interest in pursuing that path. Indeed, I would be inclined to make an ethical statement that much of this Art is exploitative.

THE AUTHOR: Did you talk to the sitters as you were photographing them?

THE PHOTOGRAPHER: Not much. Most of the interaction involved periodically showing them the images as they were being produced. Typically, I would show them a few images on the viewing screen in the back of the camera and ask if they were "okay". Judging from their responses, they genuinely liked the images—and found the

Elmi Jama Handulleh/Cilmi Jaamac Xandule

Hassan Dualeh laughing/ Xasan Ducale oo Qoslaya

Hassan Ahmed Essa ("Faras") fixing his hat, 2001
Xasan Axmed Ciisa (Faras) oo koofyadiisii hagaajinaya, 2001

Hassan Ahmed laughing after being photographed in the act of fixing his hat, 2001
Xasan Axmed Ciisa oo qoslaya markuu arkay in la sawiray isagoo koofyadiisa hagaajinaya, 2001

isku—maqanyihiin am inta aaney sawir-qaad isu diyaarin. Tusaalaha ugu fiican ee sawir qaadidda noocan ah waa sawirka Faras (Xasan Axmed Cise) oo toosinaya koofyadiisa si sawir looga qaado. Sawirka xiga waa isaga oo qoslaya ka dib markuu arkay anigoo sawiraya intaanu diyaar noqon. Tusaalayaasha kale waxa ka mid ah Cilmi Jaamac Xandulle oo xafiiskayga dhexdiisa ku hadlaya ka dib intaanu tegin fagaarihii lagu musawirayey, Muuse Ismaaciil Argin (Sawirka 51) ku tiirsan bakooradiisa(ushiisa) iyo Xasan Dualeh oo qoslaya.

Waan jeclaystay sawirada, ha yeeshee, sida la malayn-karo, qaarkood arrin farsama ayay la kulmeen marar ayna iftiinku ku fillayn.

Sidoo kale, sawirada la qaaday 2004, inta badan aniga ayaa ku toosinayey la sawirayaasha inay istaagaan (joogsadaan) ama fadhiistaan goobo aan ogahay in iftiinku ku filan yahay. Inta badan waxaan adeegsanayey si aan u muujiyo direeskooda, waxa laga arki-karaa dhaq-dhaqaaqa xubnaha jidhkooga iyo muujinta dareenkooda ; siday isu-soo bandhigeen caado ahaan, qof kasta waaxaan sawiray isagoo fadhiya iyo isagoo taagan.

QORAAGA: Arrinta iftiinka iyo iftiiminta, ayaan rabaa in su'aal kaa weydiyo. Sawirada qaarkood waxa ka muuqda

technology fascinating.

THE AUTHOR: I notice that some of these pictures were taken in 2001 and some in 2004. Why is that? And did your style change over time?

THE PHOTOGRAPHER: The reason for the two- or three-year gap was due to circumstances beyond my control. The Somali researcher that I had at first went back to Somalia. I had to wait until we got another grant before I could advertise and hire a new person. That's the reality of doing research or running a community project: things happen.

With regard to my style changing, that's an excellent question. I'll try to explain.

At first, in most of the photos taken in 2001, I wanted the subjects to be largely unaware of the camera. Thus, I sought to take the photographs while they were interacting with each other or just before they posed for the camera. An excellent example of this sort of photography is the photograph I took of Faras (i.e. Hassan Ahmed Essa) fixing his hat in preparation for having his photograph taken. (The next image, is of him laughing after he saw me photograph him before he was ready.) Other examples include Elmi Jama Handulleh talking in my office prior to going into the gallery to have his portrait taken; and Hasan Haji Yusuf (Plate 51) leaning on his walking stick and Hassan Ali Dualeh laughing.

I liked these photographs but, as might be expected, some of them had technical problems. Sometimes, there was not enough light.

Thus, in the 2004 photographs, I almost always directed the subjects to stand or sit in an area where I knew there was enough light. I also almost always used a neutral background—so as to privilege their dress, body language and expressions, i.e., their self-presentation. Usually, I took photographs of each person both sitting and standing.

THE AUTHOR: Regarding light or rather lighting, I want to ask you another question. Some of these images seem to have coloured lighting on the walls and/or the subjects. How did you accomplish that affect? And why did you do it?

THE PHOTOGRAPHER: I did it because I like it. I think the images are enhanced by it. And many local people who have seen the photographs loved the colours.

In addition, I think it is important to point out that the commitment to the white wall is culturally and historically

inay gidaaradoodu leeyihiin ifteen midabaysan ama la sawirayaashuba. Sideebaad hawshaa ku fulisay? Maxaadna sidaa u yeeshay?

SAWIRQAADE: Waxaan sidaa u yeelay waa sidaan jecelaystay waxay ila tahay in sawiradu sidan ku soo baxayaan, dad badan oo degaanka ah oo musawirada arkayna way jeclaysteen midabada.

Intaa wax dheer, waxay — ila- tahay inay awood leedahay inaan tilmaamo in ku dheganaanshaha gidaarka cad uu dhaqan ahaan iyo taarikh ahaanba yahay arrin gaar ah. Xidid qoto-dheer oo caqiido ayuu casrinimada ku leeyahay; mana aha, aan idhaahdee, mid markasta meesha ku jira.

QORAAGA: Waa hagaag; sideebaad ugu guuleysatey midabada?

SAWIRQAADE: In muddo laga joogo, oo xanuun igu daba-dheeraaday, ayaan si taxadar ku jiro u bilaabay inaan u sawiro walaxyo yar-yar oo guriga yaal; bilawgii hore ku samaysan alwaax iyo biro gacanta lagu qoray anigoo adeegsanaya isku — dhafka iftiinka cadceedda ee ka imanayey daaqadda qolka — fadhigu iyo iftiin ka imanayey laba laambadood oo isku toosan. Waxa ii soo baxday siday kamaraddu u jejebin lahayd iftiinka cad, ugana dhigi lahayd qaybo yar-yar gidaarkana ama derbiga ku samayneysa midabada jeegaanta roobka ee kala duwan. Tusaale ahaan, waxaan kamaradda ku lahaa iftiinka ku soo dhacayaa waa dabiici (kii cadceedda) isaga oo guntii ahaa kaah iftiin. Ama iftiinka ayaan u dhigeyey si otomaatik ah marka aan helo laba iftiin oo kale midab ah. Aqoontaa ayaan u adeegsaday sawiradan qaarkood siiba kuwo ka mid ah sawiro — kooxdyada (boggaga 32). Iyo kuwo kaloo oo kala duwan ashkhaas.

QORAAGA: Waa arrin xiiso leh. Su'aal kale aan ku waydiye; maadaama aan ogahay in dad xiiseeya sawir-qaadida la arkee inay akhristaan buugaaggan. Waa noocee kamaradda aad adeegsatay?

SAWIRQAADE: Waxaan adeegsadey kamaradda nooca FujiS1Pro. Waa kamarad xirfadeed una shaqaysa sida ta nooceedu yahay Nikon SLR. Waxay ii suurto gelisay inaan qaado sawiro baaxad leh oo heer-sare ah. Sido kale, waxay ii suuro gelisay inaan arko sida shaqadu u socoto la sawirayaashana tuso intaan ku hawlanaa sawir qaadidda. Qofkasta aan sawir-ka-qaaday wuxuu fursad u haystey inuu milicsado sawirka laga qaaday. Sidaa darteed, adeegsiga kamaradda noocan ahi faa'iidooyin badan bay leedahay, ayna ka mid tahay suurto galyoonka hirgelinta dhaqan dimuqraadiyeed.

Sawirada bandhigga waxa lagu daabacay mashiinka cusub

specific. It has deep ideological roots in modernism and is not, I want to suggest, always appropriate.

THE AUTHOR: Okay, but how did you achieve the colours?

THE PHOTOGRAPHER: Some years ago, during an extended period of illness, I started carefully, systematically taking photographs of small objects in my house—initially, little wooden and metal sculptures—using a combination of sunlight from the living room window and light from two adjustable lamps. I discovered how to get the camera to break the white light up into constituent parts, creating a partial rainbow of colour on the wall. A crucial part of the trick is to let the camera see as it sees (for example, daylight as bluish or reddish)—and sometimes to tell the camera that a different light source is being used than the one(s) that is/are actually being used. For example, I may tell the camera that the course is natural light when it's really incandescent light. Or I may set the light setting to automatic when I have two different kinds of light. I carried that knowledge into some of these portraits, in particular in some of the group portraits (see, e.g. p. 32) but also in various photographs of individuals.

THE AUTHOR: Interesting. Let me ask you another question, since I know some photography enthusiasts may be reading this book: What camera did you use?

THE PHOTOGRAPHER: I used a Fuji S1Pro. It's a professional digital camera that works like a Nikon SLR camera. It allowed me to take large, high-quality images. Also, it allowed me to look at the work as it was progressing and to show it to the men as I was doing it. Every person I photographed got an opportunity to see at least a few of the photographs I'd taken of him. Thus, using that sort of camera has a lot of advantages—including possibilities for practising cultural democracy.

The photographs for the exhibition were printed on the new Epson 9600 printer, which produces photographic images of startling quality, up to 44 inches in width.

THE AUTHOR: So, what size were the images in the exhibition?

THE PHOTOGRAPHER: They were different sizes but the largest size was 33 X 50 inches (or 84 x 127 cm).

THE AUTHOR: That's big!

THE PHOTOGRAPHER: Yes, I wanted to produce an exhibition in which the viewer would have a face-to-face encounter with the images. In fact, many of the faces in

Epson 9600, kaa soo soo saara musawirro aad loola yaabo ballacoodu dhanyahay 44 iinj.

QORAAGA: Haddaba sawirada la keenay bandhiga maxay baaxaddoodu ahayd?

SAWIRQAADE: Baaxadahoodu way kala duwanayd, qaalibka ah waa 33 x 50 ininjis (ama 84 x 127 Senti Mitir).

QORAAGA: Waa baaxad weyn!

SAWIRQAADE: Haa, waxaan doonayey inaan soo saaro bandhig — sawir halkaasoo daawaduhu fool-ka-fool u saarayo sawirada. Runtii, qaar ka mid ah wajiyada bandhig sawireedka ayaa ka ballaadhan qofka ay metelayaan Taasoo ay daawadaha fooda is gelinayaan. Lama dhayalsan karo. Waxay ku adkay nayaan inay jiraan lana aqoonsado.

Sawirqaade / Dhaqan qaade

QORAAGA: Bandhigyo ayaan booqday Kaardhif, mase arkin wax aadleedahay oo la soo ban-dhigayi marka laga reebo, intaan xusuusnahay, hal mar taanalagu qabtay xarunta "Care of local Arts" ma waxaad tahay sawir — qaade sheqeeya?.

SAWIRQAADE: Hagaag, run ahaantii, waxaan ahay qof xiiso weyn u qaba sawir —qaadidda. Badidooda bandhig — sawirada aanu ku qabanno xarunta Butetown History& Arts, si qoto dheer ayay u istic maalaa sawir qaadida iyo casharro ku saabsan barashada dhaqamada. ayaan ka bixiyaa Jaamacadda Glamorgan; koorsooyinka intoodabadan waxay la xidhiidhaan akhriska iyo/ama soo saaridda muuqaallo sawiran. Waxaan iska leeyahay maktabad ballaadhan oo buugaag musawirro dhabtii.

Lacagta iga baxda badideeda waxaan geliyaa sawir-qaadida, gaar'ahaan xagga buugagga. Aniguna sawirro badan ayaan qaadaa.

Waxaan ahay muxaadarad jeediye casharana ka bixiya sawir-qaadidda waxaan ahay matxaf — haye waxaankaloon ahay nin qiirooda, taasi uma dhiganto sawir qaadidda; wayse ku dhowdahay.

QORAAGA: Hagaag, waxaan kuu haystay inaad tahay sawirle dhaqameed?

SAWIRQAADE: Waan ahay; waxaan ahay sawir qaade dhaqameed, odhaah taariikhyahan, lehna aragti dhaqmeed inta badanna wakhtigiisu kago baxo daymada ka fakirka iyo soo saaridda muuqaallo sawir.

Omar Mohamad Hassan looking at Somali Elders Project photographs as he's being interviewed at the Somali Senior Citizen's Club, Bethnal Green, East London, 2004
Cumar Maxamed Xasan oo daawanaya mashruuca Odeyada Soomaalida isagoo lagu wareysanayo Xarunta Wayeelka Soomaalida ee ku taal xaafada Bethnal Green ee Bariga London, 2004

the exhibition images are larger than life-size. They confront the viewer. They cannot be ignored. They insist on recognition.

The Photographer / The Ethnographer

THE AUTHOR: I go to a lot of exhibitions in Cardiff but I've never seen your work exhibited—except, as I recall, once in the cafe of a local arts centre. Are you actually a practising photographer?

THE PHOTOGRAPHER: Well, actually, I'm a person with a great interest in photography. Most of the exhibitions we organise here at the Butetown History & Arts Centre make extensive use of photographs and digital imagery. I teach courses in cultural studies at the University of Glamorgan and most of those courses involve reading and/or producing photographic images. I have a large personal library of photographic books. Indeed, I spend much of my disposable income on photography—especially on books. I also take a lot of photographs.

So, I'm a lecturer who teaches about photography; I'm a curator; and I'm an enthusiast. That's not quite the same as being a photographer, but it's close.

THE AUTHOR: Okay. But, actually, I thought you were an ethnographer.

THE PHOTOGRAPHER: I am—I'm an ethnographer, oral historian and cultural theorist who spends much of his time looking at, thinking about and producing visual images.

QORAAGA: Sidaaba u daayoo, su'aal baan ku weydiinayaa; meeyey nuxurka bulsho iyo dhaqan ee laga heli karo sawiradan? Halkan kuma aragno guryaha raggani ku jiraan. Ma aragno meelaha ay wax ka cunaan ama ay ku kulmaan meelaha ay noloshooda ku qaataan ama ku nool yihiin.

SAWIRQAADE: Haa, waa arrinta aan maskaxda ku hayey xiligii mashruucan kobcayey. Bilawgii hore u jeedaduu waxay ahayd in sawir-qaadidda kuwo ka midah ka dhacaan goobo bulsho, kuwaasoo raggani soomaalid ku nool yihiin sida Makhaayada xaafadda, Red Sea House (hoy ku yaal xaafadda oo gaar u ah odayaasha soomaaliyeed) bannaanka masaajidka "Nuur Al-Islaam" iwm.[3] Ha yeeshee intuu mashruucu korayey ayaa sawirradan caadiga ahi noqdeen kuwo wax ku ool ah sidoo kale, la' sawirayaashu aad ayay u xiisaynayeen in la sawiro.

Filimaayo inaan heli lahaa sawiradan oo kale haddan u qaadi lahaa sida sawirqaade u daadegaya nolosha bulshada. Waxaan qabaa in sawirada wajiyada qof-qofka, qaadana sawir-qaade ku xeel dheer dhugashada dadka ay saamayn iyo awoodba ka sareeyaan musawir-qaadka lagu rabo inuu nolol – maalmeedka soo bandhigo. Waxaan ogahay taasi inay yaableedahay, marka la eego noloshaydii hore ee dhaqan qaadida, waanse hubaan inay runtu taa tahay.

Waxay ila tahay inaan bixiyo qimaal ku saabsan aasaaska iyo habka loo qaaday sawiradan. Markaanu 2001 bilawnay mushruucan odeyada soomalida xanuun baa i hayey. Cudurka kaadi-macaanka oo xilli adag ayaan ku jirey. Sidaa darteed, waxa hawl yaraatay in raggu xarunta yimaaddaan halkaan anigu iyaga goobi lahaa.

Sidoo kale ayay ugu fududaatay kal-kaaliyahayga isaga iyo nimanku waxay ku kulmi jireen masajidka waxayna qabaan-qaabin jireen inay xarunta yimaadaan. Sidaas ayey ku iman jireen iyagoo lugaynaya (wa in dhan illaa saddex rubuc oo mayl) ama haddi loobaahdo, waxaanu u ballamin jirnay mid ka tirsan soomaalida tagaasida lehi reer Kaardhif inay odayaasha keenaan xarunta.

Sidoo kale, haddan soo koobo, habka sawir-qaadiddu, kama dhalan ku-talo-gal. Hawl yaridu qayb ayey ka ahayd arrinta sawair qaadidda.

Mardanbe, dhamaadkii mashruuca, waxay nagu qasabtey inaanu sawirno tiro odeyaala oo aan noo suura gelin in aanu rugta ku sawirno. Tani waxa noqotay inaanu sawirno odeyada iyagoo jooga halkay ku nool yihiin sida: Red Sea House ee Kardhif iyo in aanu maalin u anbo baxno magaalada London oonu ku sawirno iyagoo jooga laba gole oo lagu xanaaneeyo odeyada maalintii oo ku yaala Bariga London oo ay iskugu yimaadaan qaar ka mida odeyadii ku nolaan jiray magaalada Kardhif.

THE AUTHOR: Given that, I want to ask you this question: Where is the social and cultural context in these photographs? We don't see anything here of the homes where these men live. We don't see where they eat or socialise, where they live their lives.

THE PHOTOGRAPHER: Yes, that's something I've often thought about as this project developed. Initially, my intent was to take some of the photographs in the social spaces in which these men live their everyday lives—in the local Somali cafe, in Red Sea House (a local residence for older Somali men), outside the Nuur al-Islam Mosque, etc.[3] But, as the project developed, these simple portraits seemed to work. Also, the men were enthusiastic about coming to have their pictures taken.

I don't think that I could have got such strong images if I had simply gone about it like a traditional documentary photographer, exploring community life. I think that portraits of individual faces, taken by a photographer who is a skilled people watcher, are usually much more effective and powerful than photographic images that seek to be documents of everyday life. I know this may sound a little odd, given my background as an ethnographer, but I'm absolutely certain that it's true.

I suppose I should also make a kind of confession regarding the setting for and style of these photographs. When we began our Somali Elders Project in 2001, I was very ill. I have diabetes and I was going through a rather bad patch. So, it was much easier for the men to come to the Centre than for me to go out in search of them.

It was also easier for my research assistants. They met most of the potential subjects at the mosque and arranged for them to come to the Centre. They then walked down here (it's about three-quarters of a mile) or, if necessary, we arranged for one of Cardiff's many Somali taxi drivers to bring them.

So, in sum, much of the style did not result from a thought-out strategy. Convenience was also a factor.

Later, towards the end of the project, it was important to go out and photograph a number of elderly seamen who had been mentioned as possible subjects but had not come or were unable to come to the centre. This involved doing a series of photographs in a Somali men's residence in Cardiff, i.e., Red Sea House. It also involved a day-trip to two Somali day centres in the East End of London where some retired Somali seamen who formerly lived in Cardiff now meet.

THE AUTHOR: Okay. But before we leave this topic, I want to return to what you said a minute ago about

QORAAGA: Waayahay intaynaan mawduucan ka bixin, waxaan rabaa inaan dib ugu noqdo waxa aad diqiiqad ka hor aad tidhi, kuna saabsan sawir qaadidda dhukumeynta ee caadiga ah marka la bar-bar dhigo tan sawiran. Arrintaa waxa loo qaadan karaa in halkaa micno ku jiro taasoo ah in ujeeddooyinka dhaqan qaadidu iyo kuwa sawir qaaduuhu aanay meel wada mari karin.

SAWIRQAADE-DHAQAN QAADE: Haa arrintaa waan ogolahay hadaad u jeedid isku hawlidd aan isku hawlayo faa-faahinta sida noloshooda ay u noolyihiin inaaney la mid noqon karrin doonista sawirro caadi ah, muuqda kuna soo jiidan kara.

Sidoo kale, isku hawlidda dhaqan qaadida caadiga ah sharaxaadda faa-faahsan ee ah "Dad yow" waxay u dhacaysaa inay culayska saarto si-ahaantooda kale, tusaale; siday u kala duwan yihiin. Anigoo ah sawirqaade kaftan yaqaane ah waxaan jecelahay inaan culayska saaro in aan cadayo sida bani-aadanku u kala duwanyahay, balse siday isugu midka yihiin.

Sida darteed, sidaad u sheegtay, marar baa jirta ujeedooyinka labada- hawl-gal kala duwanaanayaan.

Sideey Shakhsigaadku u Taaganyihiin

QORAAGA: Rag badan oo sawiradaada ku jira ayaa qaarkood waxay gashan-yihiin Khamiisyo bilicsan, kuwo kalena suudhadh ayay gashan yihiin. Maxay ku dhacday?

SAWIRQAADE: Taasi waxay la xidhiidhaa arrinta hadda ka hadlaynay. Sawiradan intooda badan waxa la qaaday maalin jimce ka dib markaasoo laga soo baxay salaada sida dad badani ugu labistaan kiniisadda, dad badan oo muslimiina masaajidka ayay u labistaan.

QORAAGA: Hadaba, micno ahaan, sawiradaadu ma aha ku dhab ah. Ma muujinayaan sida raggani u muuqdaan wakhtiyada caadiga ah.

SAWIRQAADE: Filimaayo inay habboontahay inaynu ka murranno waxa ah ama aan ahayn
sawir 'dhab ah' sidaa awgeed weydiintaada dhinacaa ku saabsan waan is-dhaafinaya.

Si kasta ha ahaatee, kumaan andacoon inay sawiradani yihiin kuwa odeyaasha soomaliyeed siday maalin kasta u muuqdaan. Eeg sawirka Cali Maxamed Axmed (Sawradda 14 iyo 15) oo sita koofiyadiisa suufka ah iyo shaadhkka xardhan, intaan ka xusuusnahay. Sawiradan waxa la qaaday maalin salaasa ah.

Si kasta ha ahaatee. Dhib iguma hayso inay dadku u

traditional documentary photography versus portraiture. This could be taken to suggest that there is a sense in which the aims of the ethnographer are incompatible with those of the photographer.

THE PHOTOGRAPHER-ETHNOGRAPHER: Yes, I accept that, if you mean that the preoccupation with ethnographic details about how people live their lives can be incompatible with the quest for simple, clear and powerful images.

Also, the traditional ethnographic preoccupation with detailed description of "a people" tends to emphasise their Otherness, i.e., how they are different. Like the good humanist photographer, I wish to emphasise not only how human beings differ but also how they are the same.

Thus, as you said, there are times when the aims of the two fields are not the same.

The Subject's Pose

THE AUTHOR: A lot of these men in your photographs are all dressed up—some of them in beautiful robes, others in suits, etc. Why is that?

THE PHOTOGRAPHER: This is related to what we were just talking about. Almost all of these photographs were taken on friday afternoons after prayers at the mosque. Like a lot of people dress up to go to church, many Muslims dress up to go to the mosque.

THE AUTHOR: So, in a sense, your photographs aren't really authentic. They don't really show us how these men look most of the time.

THE PHOTOGRAPHER: I don't think it's very helpful to get into a debate about what is or is not an "authentic" photograph. So, I'll avoid that part of your question.

In any case, I never claimed that these images are of Somali elders as they look everyday. There are a few exceptions, i.e., photographs in which the men are in their everyday apparel. Look at the photographs of Ali Mohamed Ahmed (Plates 14 and 15) in his woollen cap and chequered shirt. Those photographs were taken, as I recall, on a Tuesday.

Anyway, I don't have a problem with people dressing up as they choose and presenting themselves to be photographed. Portrait photographs are co-productions and, morally and ethically, the subjects should have rights when it comes to how they will be portrayed. Don't you think so?

labistaan siday doonaan, uguna soo diyaar-garoobaan sawir qaadidda soo saaridda sawirada tani waa laba geesood, markaa akhaalaaq ahaan iyo dhaqan ahaanba, ashkhaastu xaq ayay u leeyihiin markay timaaddo sida ay u rabaan inay ku soo baxaan. Sow adigana sidaa kulama aha?

QORAAGA: Aniga weeye kan wax su'aalaya.

SAWIRQAADE: Waa hagaag sii wado.

QORAAGA: Haa in raggan in badani u muuqdaan inay adiga ama kamaradda eegayaan. Maxay ku dhacday?

SAWIRQAADE: Si buuxda uma hubo sababta raga badani kamaradda u eegayaan. Adigu taa iyaga weydii, bal aragna inaad heshid jawaab wax qancisa.

Buuggeeda caanka ah *Sawir-qaadida* ayaa Susan Sontag ku leedahay in dadka aan u dhalan wadamada wershadaha leh ay weli cabsi ka qabaan in la sawiro.[4] Garan maayo in weedhaasi waxa inoogu filantahay haba yaraatee. Si fudud waxay u noqon kartaa inay kala haystaan caadooyin kala duwan kuna saabsan sida qofku is toosinayo marka la sawirayo laga yaabee, waxay madasha keeneen fahamkooga sawir bandhigeed taasayna badidoodu yeeleen.

Bal malee ama ka fakir, si is-bar-bar dhig ah istoosinta rasmiga ah luuqadda jidhku samaynayo iyo wejiyadu ee yaal studiyo laguna qaaday dalalka reer galbeedka Yurub xilligii xukumkii Fictooriya iyo Edword. Labadu waa isku mid, inkastoo aan filayo inay dawo tahay in la yidhaahdo sawiradan qaarkood waxay yihiin kuwo wax boorrinaya marka kuwa kale loo eego. Ashkhaastu si tamaro ku jirtto ayay dib u jaleecayaan. La arkee helida daymadu inay ka mid tahay odeynimada ay yihiin. La arkee inay taagantahay heer maamuuskooda iyo awoodooda tusta.

Si kasta ha ahaatee, waxaan odhan karaa qaar ka mid ah toosanaantoodu waxay leedahay bilic deganaansho ku dheehanyahay. Sawirka Maxamed Cabdi (Sawirka 35) oo ka mid ah kuwa aan jeclahay iyadoo daawadayaasha qaarkood u arkaan mid fuul xun.

QORAAGA: Sawirada waxa ka mid ah kuwo ay u muuqato in ashkhaastu ku raaxaysanayaan kamaradda. Eeg Aadan Xirsi Farax (Sawirka 4), Xasan Axmed Ciisa (Sawirka 19), Xuseen Ismaaciil Cabdi (Sawirka 22), Cumar Jaamac Yuusuf (Sawirka 57), iyo Saciid Aadan Yuusuf (Sawirka 59). Ibraahim Caabi (Sawirka 26) isaga oo si xagal ah u taagan dhinaca kamaradda sawirka. Ama eeg Saciid Cali Abyan (Sawirka 58) iyo Cusmaan Jaamac Yuusuf.

SAWIRQAADE: Haa, waan xusuusnahay inaan sawirkaa qaaday. Dhayal ayay ila ahayd. Ibrahim Caabi ayaa xagga gidaarka u soo dhaqaaqay habkaana isu taagey. Wuxuu

THE AUTHOR: I'm asking the questions here.

THE PHOTOGRAPHER: Okay, go ahead.

THE AUTHOR: Yes, I notice that a lot of these men seem to be staring at you or the camera. Why is that?

THE PHOTOGRAPHER: I'm not entirely sure why so many of them appear to be staring at the camera. You'd have to ask them—and see if you can get a satisfactory answer.

In her famous book *On Photography*, Susan Sontag says that people of non-industrialised countries still feel apprehensive about having their pictures taken.[4] I don't know whether this statement helps us at all. It may simply be that they are adhering to different conventions regarding the pose one assumes when one's photograph is being taken. Perhaps they have brought their own understandings of portrait photography—clearly, most of them did.

Consider, by way of comparison, the formal stances—the body language and faces—of the subjects in studio photographs taken in the West during the Victorian and Edwardian periods. They are similar, although I think it is fair to say that viewers may find some of these photographs more confrontational than those: the subjects stare back with greater vigour. Perhaps earning the right to look is one of the benefits of being an elder; perhaps it is a matter of their status and power.

In any event, I would suggest that some of their poses have an elegant stillness. Consider, for example, the portrait of Mohamed Abdi Ahmed (Plate 35), which is another one of my favourites, although some viewers find it troubling. Or look at Saeed Ali Abyan (Plate 58) and Omar Jama Yusuf (Plate 57).

THE AUTHOR: There are photographs here where the subject seems to be very comfortable with the camera. Look at Adan Hirsi (Plate 4), Hassan Ahmed Essa (Plate 19), Hussein Ismael Abdi (Plate 22), Omara Jama Yusuf (Plate 57) and Said Adan Yusuf (Plate 59). Another example is the picture of Ibrahim Hussein Abby (Plate 26) where he is standing at an angle to the wall with his face turned to the photographic lens.

THE PHOTOGRAPHER: Yes, I remember taking that: it was kind of funny to me. Ibrahim Abby just walked up to the wall and assumed that pose. It was the first photo that I took of him. Clearly, he was very comfortable with the camera. And, so obviously, was the eighty-year-old Ismael Ali Gas (p. ii and Plate 27), who, with his suave clothes, careful poses and dark glasses, I am tempted to call Mr

ahaa sawirkii ugu horreeyey ee aan ka qaado. Sida cad wuu ka helay kamaradda, sidoo kale, waxa la mid ah Ismaaciil Cali Gas oo sideetan jir ah (b. ii iyo Sawirka 27) kaas oo sita dharkiisa bilicsan, qumaatiga uu u istaagey iyo muraayada madow ee uu gashanaa, waxa i xiiso geliyey inaan ugu yeedho uun "cool" (shaqaalahayga laba ka tirsan ayaa markay arkeen sawiradiisa ku naanaysay "Aabihii Maafiyada").

Ha yeeshee, sidaan horeba rabey inaan u sheego waan filayaa qaar ka mid ahi inaysan u bogin sida arrimahaasi u dhaceen. Waxaan ka shaki qabbaa inaaney u qudh-qudhsamin caadooyinka reer galbeedka oo ah inaad dhoollo caddaysid marka kamaradda lagugu soo jeediyo.

Si kastaba ha u dhacdee, waxaan ku faraxsanahay inaan badidoodu dhoollo-cadayn. Waxaan malaynayaa in qaadidda, natiijadi noqotay soo saaridda sawirro aad u xiiso-gelin leh, oo ashkhaasta la sawiray iyagu sameeyen in ka badna intayda aan anigu sameeyey. Dhugo, tusaalae ahaan, muuqaalada Siciid Shuqulle (Sawiradda 1 iyo 60), Aadan Samatar Yusuf (Sawirka 6), Xassan Xaji Yusuf (Sawirka 18), iyo Maxamed Cabdi Axmed (Sawirka 35).

QORAAGA: Waxa jir hal shakhsi oo aan isagu toos u eegayn kamaradda laba sawir ee aad ka qaadday.

SAWIRQAADE: Haa, waan ogahay, kaasi waa Axmed Yoonis Cawaleh (Sawiradda 8 iyo 9) indho la'aan buu ubadan yahay. Sida darteed, wuxuu daawadaha ugu talo galay inuu eego isagoon isha ka lalin. Taasoo jirta, haddana waxaan qabaa in indihiisu awood muuqata, hadaanad i rumaysnayn meel dhaw ayaan ka odhan lahaa ka eeg.

Metelaad, ula jeeddo

QORAAGA: Sidee loo akhriyi karaa sawirradan?

Sawirqaade: Sawirada muuqaalada kaan ugu jeclahay waa ka Siciid Shuqulle (Sawirka 60) sawir balladhan oo u leeyahay ayaan tusay dad kala jaad ah oo soo booqday xarunta Butetown ee taariikhda iyo farshaxanka. Jawaabaha badiba laga bixinayey waxay ahayd "waa maxay murugada ka muuqata wejiga" (kamaan sii fakirin jawaabta inaan maqli doono. Daymadiisa ayaa ah tan aan ka helay, ee ma aha nurugada wejigiisa).

Daawadyaashu waanay qabaan, in dhabta aynu nahay bani aadam inaynu garan karno waxa daahsoon sida qiirada, hab-dhaqanka iyo waa yo-aragnimada ku qarsoon cabiraadda sawir wejiyeedka. Weejiyadaynu eegnaa markaasaynu aragnaa naxariis qanaacad, tiiraanyo iyo

44

Cool. (On seeing his photos, two members of my staff nicknamed him "The Godfather".)

But, anyway, as I was trying to suggest before, I think many of them were not comfortable in that sort of way. I suspect they have not bought into Western conventions that mandate that you should smile when the camera turns towards you.

Whatever the reasons, I'm glad most of them did not smile. In some cases I think the result has been the production of very powerful images—which they, more than I, made. Consider, for example, the portraits of Said Shuqule (Plates 1 and 60), Adan Samater Yusuf (Plate 6), Hasan Hadji Yusuf (Plate 18) and Mohamed Abdi Ahmed (Plate 35).

THE AUTHOR: There is one subject who is not properly looking at the camera in either of the two photographs you present of him.

THE PHOTOGRAPHER: Yes, I know, that's Ahmed Yonnis Awaleh (Plates 8 and 9). He's nearly blind. Thus, he allows the viewer to look without returning the gaze. Nonetheless, his eyes, I would suggest, have a definite power. If you don't believe me, I invite you to look closely at them.

Representation, Meaning

THE AUTHOR: How are we to read these photographs, these visual statements?

THE PHOTOGRAPHER: One of my favourite portraits is that of Said Shuqule (Plate 60). I have shown large prints of it to various visitors to Butetown History & Arts Centre. The predominant response is "What a sad face." (I had not anticipated this response: I was struck by the power of his gaze, not the sadness of his face.)

Viewers feel that, by virtue of our status as fellow human beings, we can discern or deduce what emotions, attitudes and experience lie behind—or beneath—photographed facial expressions. We look at faces and we see kindness, contentment, sorrow and pain. We see self-satisfaction, longing and desperate disappointment.

We invariably seek to read faces—and to create narratives about the lives of those whose essence we feel we have deciphered.

THE AUTHOR: But can we read these faces? What do they say?

damqasho. Waxaynu aragnaa, is cajabin, hilow, quus iyo niyo jab.

Badi waxaynu isku daynaa inaynu wejiyada akhrino — shekooyinna ka abuurno nolosha kuwan aynu u aragno inaynu nuxurkoodii garanay ama akhrinay.

QORAAGA: Laakiin, ma akhriyi karaynaa wejiyadan?

SAWIRQAADE: Daawadayaal kala duwani oo meelo kala duwan bulshada kaga kala jira, kuna kala duwan waayo aragnimadu siyaalo kala duwan ay u micneeyaan.

Hase yeeshee, intaa markaan idhi waxaan kaloo odhan karaa in kuweenan ku nool reer galbeedku aynu wadaagno aqoon-guud oo dhaqan rumayn ah oo ku saabsan wejiga bani aadamka iyo wuxuu sawir ahaan u taagan yahay. Waxaynu ognahay in muujinta shucuurta wejigu qayb weyn ka qaadato isla xidhiidhka. Waxaynu rumaysanahay in kamaraddu "ku dhegi karto" in ka badan u ekaanshaha ashkhaasta ay sawirayso. Taasoo ah in sawirka qaarka sare ee wax ku oolka ahi 'daaha ka qaaday' wejiga uu sii dhex marayo waxa ka so keena si uu u soo ban-dhigo shakhsiyadda hoose ee qofka. Markaynu eegno sawirada qaarka sare ah, gaar ahaan kuwa dadka waa weyn, wajiyadooda ayaynu ka dheegannaa taariikh nololeedkooda sidoo kale indhahooda, duubka jiidhkooda iyo cabiraada muuqata ee qof ahaaneed.

Waxaan rabaa in malaynta xoojinaysa aragtidaa ay yihiin kuwo aad u fudud, u kooban una ah aasaasi. Arnold Newman sawiraqaadaha caanka ah, ayaa hore u yidhii "ilama muuqato in sawir mar keliya qof laga qaaday inuu noqon karo mid si ugu danbayn ah u soo koobaya ama u ururinaya shakhsiyadda qofka. Wejiyo badan ayuu qof kasta leeyahay, suurto galna ma ah in dhammaantood la iskugu keeno hal sawir".[5] Runtii waa arrin jirta.

Intaa waxa dheer, aad uma hubo waxaan ka fahmay weji cabirka kuwo ka tirsan odayaasha soomaaliyeed. Waxaan ka shaki qabaa in waji cabbirku badi uu la xidhiidho waxa laga haysto sawirka inta sare ah ee ka jirta bulshada la sawirayaasha marka loo eego cabirka dareenmadooda qof ahaaneed. Tusale ahaan is bar-bardhiga Faras (Xasan Axmed Ciise) oo qoslaya (b. 38) iyo tiisa rasmiga ah (Sawirka 19) qofku wuxuu is weydiin karaa 'teebaa ah tiisa dhabta ah'? Ha yeeshee waydiinta wax micno ah samaynmayso.

Qayb ka mid ah 1980, ayaa Richard Avedon oo caan ku ah faashinka iyo sawiradda muuqaalada ah ayaa yidhi 'waxa aad doonaysid ma gaadhi kartid oo ah dabiicadda dhabta ah ee la sawiraaga, hadda kor ka xaadid. Waa wax keli ah ee aad haysaa".[6]

THE PHOTOGRAPHER: Different viewers, occupying different social positions and having different experiences, will decode them in different ways.

Nonetheless, having said that, I would suggest that we—certainly those of us in the West—share certain commonsense cultural beliefs about the human face and photographic representations of it. We know that facial expressions signify, that they play a crucial role in communication. We believe that the camera can "capture" more than a likeness of its subjects, that the successful portrait "unmasks" the face—penetrates the veil—to reveal inner character, inner being. When we look at portraits, especially of old people, we see the story of their lives written in their faces—in their eyes, in the wrinkles of their skin, in their apparently characteristic expressions.

I think that the assumptions underlying this view are far too simplistic, far too reductionist and essentialist. Arnold Newman, the distinguished portrait photographer, once said, "It seems to me that no one picture can ever be a final summation of a personality. There are so many facets in every human being that it is impossible to present them all in one photograph."[5] Surely this is right.

Moreover, I am not quite sure what to make of some of the Somali elders' expressions. I suspect that the expressions often have more to do with conventions of portraiture prevalent in the community of the sitters than with their own personal expressions. For example, compare Faras (Hassan Ahmed Essa) laughing (p. 38) versus his more formal pose (Plate 19). One could ask, "Which one is really him?" But the question would not really make sense.

Some time in the 1980s, Richard Avedon, the widely acclaimed fashion and portrait photographer, said, "You can't get at the thing itself, the real nature of the sitter, by stripping away the surface. The surface is all you've got."[6]

I know enough about modernist art, poststructuralism and postmodernism to know that I should be wary of the view that the camera "reveals inner character and emotional states". Nonetheless, when I look at a number of these photographs, I feel some central dimensions of emotion and character are made manifest. I am prepared to accept the possibility that I am deluding myself, that I and the general public are simply wrong. But, somehow, I don't quite think so.

THE AUTHOR: Whose viewpoint is depicted in this work? Do we see these men through your eyes or their own?

THE PHOTOGRAPHER: Through both, of course. But the point is that I did not want to make my vision predominant. I wanted the images to be the product of a

In igu filan ayaan ka aqaanna farshaxanka casriga ah iyo fikirka ku lidka ah markaan sidaa aan ahay waa inaan ka digtoonadaa ra'yiga ah in kamarddu "banaanka u soo saarayso dabeecadda dahsoon iyo xaaladda qiiro". Taasoo ay tahay, markaan eego sawiradan kuwo ka mida, waxaan dareemayaa in ilaa xad ay muuqdaan qiirooyinka iyo dabiicaduhuba. Diyaar waxaan u ahay inaan ogolaado in dhici karto inaan naftayda marin habaabiyey, in aniga iyo dadweynuhuba aano khaldan nahay, ha yeeshee, si ay tahayba sidaa anigu ma qabo.

QORAAGA: Waa kuma ka aragtidiisa buuggan lagu muujiyey? Raggan ma indhahaagaanu ku eegna mise indhohooda?

SAWIRQAADE: Dabcan labadaba. Ha yeeshee, ma rabo in kor mariyo aragayga. Waxaan rabey in muuqaalladu noqdaan kuwo ka dhashay wada shaqayn (is gacan siin) iyo in daawadaha in dheer garadkuna sidaaa u arko.

QORAAGA: Mushruuca odayaasha soomaalida, ma layli baa ku saabsan soo saaridda muuqaallo wax ku oola?

SAWIRQAADE: Laba sababood ayaan u arkaa sababta qof sidaa u odhan karo. Ugu horraynta saddex ragga ka tirsan ayaa xidhan ama sita billado. Taasoo muujinaysa ku lug lahaantooda — gacansiinta Dhulkooga Hooyo ee Biritishka hawlo kala duwan oo ah Dagaalkii Labaad ee Dunida iyo Dagaallo kale oo ay wax qabad ka geeysteen. Taasi waxay lidd ku tahay fikradda la qabo ee odhanaysa in soogaleetigu yihiin kuwo dawarsada am musiibo uun sida, kuwaasoo aan soo xiganno fikradda dadweynaha 'halkan yimi annagana nagu dul nool'.

Talabaadi waxay tahay odeyaasha soomaalidu waxay u muuqdaan inay yihiin koox kala jaad ah. Muuqaaladoodu waxay muujinayaan sida weyn ee ay u kala duwan yihiin. Marka loo eego muqaalka jidhka labiska iyo soo hor joogsiga kamaradda. Sidoo kale, sooyaalka laga sameeyey wuxuu muujinayaa inay si weyn ugu kala duwan yihiin nolol bulsheedeedkooda hore. Arrintaasi waxay burinaysaa ama ka hor imanaysaa fikirka isku midaynta astaantana u ah midab sooca iyo fikradaha khaladka ah ee looga haysto.[7]
Ha yeeshee, qof ahaan kuma qanac sani ereyga 'muuqaallo wax ku ool ah' waayo waxay dabada ku haysaa ujeedooyin ama macnayaal kale. Kuwa xeel dheerayaasha xirfadda u leh dhaqamada ereygu wuxuu u dhadhamayaa quudhsi ama hoos u eegid oo daboolka saaraysa xaraf ay adeegsanjireen faashan yaqaanada madoobi ka soo qaad 1960 iyo 1970, laakiin imika lala yaabo.

QORAAGA: Waayo? Maxaad ula jeeddaa?

SAWIRQAADE: Waa arrin u baahan sharaxaad muuqaalada wax ku oolki ihi waxay ku xidhan yahay fikrad

kind of collaboration and for the sophisticated viewer to see them as such.

THE AUTHOR: Is the Somali Elders project an exercise in the production of positive images?

THE PHOTOGRAPHER: I can see at least two reasons why one might say this. First, three of the men are wearing medals, which points to their involvement—helping the British Motherland—in World War Two and other war efforts. This counters the stereotype that immigrants are simply scroungers who, to quote popular ideology, "come here and live at our expense".

Secondly, the Somali elders appear as a diverse group. Their images reveal considerable diversity in terms of physical appearance (phenotype), dress and self-presentation. Also, their biographical sketches reveal considerable differences in terms of social background. This counters that homogenising tendency that is characteristic of racist and other stereotyping.[7]

Nonetheless, I am somewhat uncomfortable with the term "positive images" because it has certain connotations. Among clever, well-informed cultural practitioners the term is *passé*, connoting a practice that was widely used by Black artists, say, in the 1960s and 70s, but is considered a bit suspect now.

THE AUTHOR: Why? What do you mean?

THE PHOTOGRAPHER: This requires a bit of elaboration.

Positive images is a concept that depends on its opposite, negative images, for its meaning. It involves a strategy of reversal: for example, in response to three hundred years of imagery in which Black people were represented as ugly and stupid, Black Americans, in the context of the Black Power movement of the 1960s and early 70s, declared "Black Is Beautiful"; and Black artists, intellectuals and writers began creating new images and texts in which our beauty, intelligence and humanity were affirmed. Our physical features, our history as slaves, our African ancestry—all of this was reconstructed as a source of pride.

I was there and I experienced this development as profoundly liberating: obviously, the effects of this reversal have been predominately good. Nonetheless, I think that the binary thinking that underlies the "positive images" concept can be dangerous. It remains reductionist: it assumes that racial, ethnic and national groups are more homogeneous than they are; it fails to understand that identity is not simple but complex; it can lead to ethnocentrism and racial chauvinism.

ahaan tan ka soo xorjeedda oo ah muuqaalada aan wax ku oolka ahayn. Wuxuu la xidhiidhaa qorshaha dib u guurida ah. Tusaale ahaan, iyadoo jawaab celin u ahaa 300 sano muuqala dadka madaw loo soo bandhigi jiray si dad fool xun, oo garasho liita, ayaa madowga maraynkanku markuu socdey dhaq dhaqaaqii awoodda madawga ee sanadihii 1960 iyo horraantii1970, waxay ku dhawaaqeen 'madowgu waa quruxle' iyo madowgu waa farxshaxan, indheer garadka iyo qorayaashaa ayaa bilaabay inay abuuraan maqaallo cusub oo lagu sugayo quruxdeenna indheer garadnimadeenna iyo adami nimadeenna. Dheymadeena, iyo taariikhdeena inagoo adoon ka soo jeednay, iyo Afrikada aynu ka soo jeeddno, intaasoo dhan ayaa dib layskugu toosiyey oo noqday xidhiidh haybadi ka soo aroorto.

Waxaanan u soo taagnaa hore u ambaqaadka arrintan sida cad raadka ay reebtay arrinta dib u gurashadu way toosnayd. Ha yeeshee, waxaan qabaa in fikrada la'maanaha ah ee ka hoosaysa 'muuqaalada wax ku oolka ah inay noqon karto mid halis ah. Waa arrin weli 'hoos u dhig' ah waxay qabtaa in kooxaha midabnimada, akhlaaq nimada, iyo qaran nimadu ay yihiin kuwo isku jaad ah sida ay yihiin. Waxay ku guuleysan weydey inay fahamto in aqoosiga qof nimo aysan ahayn arrin fudud balse mid cuyuuban. Waxay horseedi kartaa u adeegga midab keli ah iyo isla qab weynaanta ama dal jacaylka ku dhisan midab soocida.

Haddaba, inkastoon ogolahay in mashruuca 'odeyaasha soomaliyeed' loo fahmi karo inuu yahay layli ku saabsan abuuridda muuqaallo wax ku ool ah oo ah dad madow oo muslim ah, weli misana raali kama ihi ereygan.

QORAAGA: Waxa muuqata in marka lagu daro sawirada qaarka sare ee aad qaadday 2001 iyo 2004, inay buuggan ku jiraan sawirro qaarka sare ah iyo dhokumentariyo duug ah. Maxay yihiin kuwaasi maxay buugga ugu jiraan ma waxay tahay inaad daawadaha u soo gudbisid milicyo shalay iyo manta ah.

SAWIRQAADE: Qof kastaa wuu jecelyahay sawiradii hore taasise maaha waxay halkan ugu jiraan qaybta ka kooban sawirro hore iyo dhokumentiyo taasoo ay ka mid yihiin kuwo cusub oo qaarka sare ah oo dhinac walba ka xiga, dhowr qodob ayaa laga leeyahay.

Ugu horrayntii, soo gudbinta sawirada nimankan mar ay odayaal yihiin iyo mar ay dhalin yaryihiin waxaan naawilayaan inaan dadka ku soo jeediyo xaqiiqada ah in aqoonsiyada qof nimadu yihiin kuwo kooban, yihiina kuwo kala duwan oo is rog roga. Sawirada xilliga hore la qaaday, raggan oo dhami waxay yihiin 'reer galbeed' arag ahaan. Mid ka tirsan ayaa xitaa wuxuu xidhan yahay koodh ka samaysan haraga hari macadka oo uu u gashan yahay

So, although I would accept that the Somali Elders project can be understood as an exercise in the creation of positive images—of a Black and Islamic people—I am not fully comfortable with the term.

THE AUTHOR: I note that in addition to the portraits you took in 2001 and 2004, this book includes some earlier portraits and documents. What are these and why are they here? It is it simply a matter of providing the viewer with glimpses of now and then?

THE PHOTOGRAPHER: Everybody likes old photographs, but that is not why they are here. The section consisting of old photographs and documents, which includes new portraits on either side of it, is intended to make a number of points.

First, by providing photographs of these men as elders and as young men, I wish to call attention to the fact that identities are complex and plural; that they are diverse and changing. In the early photographs, all of these men are "Western" in appearance: one even wears an Afro and Black Panther-style leather coat (the photograph is from the seventies). Some, who are devout Muslims now, drank and gambled as younger men. Some of them had relationships with British and/or other European women. Many have families that are bi-cultural, including, non-Muslim wives and children.

Moreover, a number of them served as seamen in both the Merchant Navy and Royal Navy and contributed to various war efforts, especially World War Two, but also the first Gulf War and the Falklands War.

The Somali elders are not absolute Others. On the contrary, they belong to "our" history and culture: ironically, their contributions to Wales and Britain far exceed those of many who would seek to exclude them. It is high time that this fact is properly acknowledged.

Finally, the old portraits remind us of a universal point about human existence: we all age. Here, if nowhere else, each of us can identify with the elders.

THE AUTHOR: Why did you take these photographs in colour? Why didn't you use black-and-white? How does your choice of colour influence the kind(s) of meaning you are trying to portray?

THE PHOTOGRAPHER: Funnily enough, I almost never buy books of colour photographs—and, thus far in my career, I have almost exclusively written and taught about black-and-white photographic imagery. But this project had other considerations. In particular, I had to take into account what and how these photographs would mean to

qaabka madowga iyo afrikaanimada (todobaatanaadkii ayaa sawirkan la qaaday). Kuwo maanta wadaaddo ah, ayaa dhalin yaradoodii waxna cabbi jiray, khamaarina jirey. Kuwo badan oo ka tirsanina xidhiidh la lahaayeen dumar Ingriis ah ama Yurubta kaleba. Kuwo badan ayaa qoysaskoodu ka soo jeedaan laba dhaqani ayna ka mid yihiin dumar iyo carruur aan Muslimiin ahayni.

Intaa waxa sii raaca, in ka tirsani waxay ku shaqeeyeen badmaaxyo waxayna ka shaqeeyeen Maraakiibta Xamuulka iyo Maraakiibta Dagaalka waxayna ka qayb qaateen hawlo badan oo dagaalka loo galay gaar ahaan dagaalkii Labaad ee Dunida, isla sidoo kale Dagaalkii Kowaad ee khaliijka iyo kii Foolaandka.

Odayaasha soomaaliyeed ma aha kuwo kale oo, Balse waxay ka tirsan yihiin taariikh 'deena' iyo dhaqan 'keenna' waxa is burin ah, in ka qayb qaadashadooda horumarinta Welishka iyo Biritan ay aad uga badantahay inta ay ka geysteen kuwo isku daya ama doona inay fogeeyaan. Waa wakhti ay habboon tahay in runtaa iyada ah la aqoonsado

Ugu dambayntii sawirada duuga ah ee wakhtiga hore laga qaaday waxay ina xusuusinayaan aragti guud oo la xidhiidha jiritaanka aadamaha. Da'kasta oo aynu nahay halkan iyo meelkalaba aynu joognee, mid kastoo inaga tirsani wuu isku soo sooci karaa odeyaasha.

QORAAGA: Maxaa sawiradan u qaadday iyagoo midabaysan? Maxaad u adeegsanweydey madow iyo caddaan? Sideebuu xulasahada midabku raad ugu yeeshay nooca micnaha aad dooneysid inaad sawiradan u muujisid?

SAWIRQAADE: Waa arrin yaableh anigu badiyaaba ma iibsado buugaag leh sawiro midabaysan intay shaqadaydu soo jirtay, waxaan si guud ah wax uga qoray waxna ka dhigay siwarka muuqaaleed ee nooca madow iyo caddaanba. Ha yeeshee tix gelino kale ayuu mashruucani lee yahay. Si gaar ah, waxaan tix geliyey waxay iyo siday sawiradani micno ugu samayn doonaan kuwa ka qayb qaatay mashruuca, sidoo kale waxay iyo sidaay micno ula yeelan doonaan daawada yaasha isa soo hor taagaya markay sudhan yihiin gidaarka qolka ban-dhigga iyo kuwo buuga ka dawaanayaba.

Isku daygu wuxuu ahaa soo saaridda muuqaallo daawadayaashu dareensiiya daymada dhabta ah ama aragga ka muuqda midhaha, maqaarka adaygiisa iyo daldalooladiisa. Si kasto oo suurto gal ah waxaan u doonay inuu daawaduhu dareemo in nimankani ay goobta joogaan. Ha ahaato gidaarka ay sudhan yihiin, ama bogga buuga ay ku daabacan yihiin inay soo eegayaan.

Dulucdu ma aha inaan gudbinayo fariin keli ah (aan

those who participated in the project; and what and how they would mean to viewers that confront them on the exhibition wall and in the book.

The attempt was to produce images that viewers would experience as startlingly real—in the look of the eyes, in the tones and pores of the skin. I wanted, as much as possible, for the viewer to feel as though these men are there—on the wall, on the page of the book—looking at them.

It is not that I had a single message that I wanted to convey (other than to compel recognition). Rather, I sought to produce images that would get viewers to look long enough to begin to ask themselves, consciously or unconsciously: Why is he looking like this? What am I to make of this? What does it mean?

Negotiating Difference

THE AUTHOR: Earlier, you said how these men are the same as "us", how they belong to "our" history and culture. I want to ask you: Are there not some ways in which they are obviously different?

THE PHOTOGRAPHER: You are asking whether these images contain signifiers of difference. Of course they do. The main signifiers of difference are, I would suggest, the following: aesthetics, as revealed through dress; the formality of their stance before the camera; and the sitters' gaze.

Mohamed Adan Ahmed, 2001
Maxamed Aadan Axmed

Regarding aesthetics, many viewers of these images will note that some of the elders combine colours and patterns in a way that would be (virtually) impossible for any of us in the West. Consider, for example, the suit, shirt, tie and hat of Mohamed Ahmed Mohamed. While we Westerners might wear that suit and either the shirt or the tie, we could not wear both. By doing so, Mohamed Ahmed Mohamed signals not that he is absolutely different from us, but that he is both like and unlike us. He belongs to two worlds. We don't—which is why we find his apparel either humorous or upsetting.

A number of viewers, who have seen these photographs, have commented that there is a distinct way of sitting. It includes the arms stretched out towards the knees, the

ahayn inaan aqoonsi khasab ku raadiyo), balse waxaan raadiyey inaan soo saaro muuqaallo daawadayaasha ogolaysiinaya inay aad uga bogtaan, isna weydiiyaan, ha dhaydeen ama yaysan dhaydadine. Muxuu sidaa wax ugu eegayaa? Maxaan halkaa ka soo saari karaa? Waa maxay u jeeddadu.

Kaxaajoodka Faraqa

QORAAGA: Mar hore waxaad sheegtay sida raggani u yihiin "innaga", siday ugu abtirsadaan taariikh 'deenna' iyo dhaqan 'keena'. Waxaan rabaa inaan ku weydiiyo miyaanay jirin siyaabo kale ay inooga duwan yihiin?

SAWIRQAADE: Waxaad i weydiineysaa in muuqalladani wataan wax faraq muujinaya ama micnaynaya. Dabcan taasi way jirtaa kuwa ugu weyn ee muujinaya faraqu waa, sidaan u malaynayo, waa labiskoda, u horjoogsiga kamaradda iyo daymada fadhiga.

Marka la soo qaato bilicsanaanta daawadayaasha muuqaaladan kuwo ka tirsan ayey ishoodi ku dhacaysaa dharka midabaysan iyo ka caadiga ah isu qaada shadooda oo aan ku suuro gasheen qof kastoo inaga tirsan oo reer galbeed ah. Bal tix geli tusaale ahaan, suudhka, shaadhka (qamiiska), tayga luqunta iyo koofiyadda Mohamed Ahmed Mohamed. Hadday dhacdo oo kuweena reer galbeedka midka midi gashadu suudhkaa iyo mid ahaan shaadhka ama tayga labada isumaynaan gashaneen yeelidda uu taa yeelay Mohamed Ahmed Mohamed wuxuu muujiyey maaha inuu inaga duwan yahay oo keliya, balse labadaba uu yahay isagoo inoo eeg oo hadana inaga duwan. Laba aduunyo ayuu ka dhexeeyaa, innaguse kama dhaxayno taa ayaa ah sababta muuqaalkiisu inoola yahay mid kaa qosliya ama kaa hanaajiya.

Daawadayaal tiro ah oo arkay sawirradan ayaa faallo ka bixiyey in qaabka fadhigo yahay mid gaar ah. Waxa ka mid ah gacmaha oo la soo fidiyey ilaa ruugaga, farahoo dul saaran bowdada hoose iyo faraha kala baxsan. Habka qaadka sawirku waa mid ku soo jeedinaya, kuweena reer galbeedkuna aynaan u baran. Rasmi inay yihiin baa ka muuqato habkay u sawiran yihiin misana waxa jira siyaabaha ay kamaradda dib ugu soo eegayaan. Jalleecada kuwa fadhiya kuwaasi waa arrimo aynu hore uga hadalnay.

Hadaba haddaan ka jawaabo su'aashaada doodaydu ma aha inaysan jirrren faraqyo u dhexeeya 'iyaga' iyo 'innaga'. Waxayse tahay in faraqyadaasu ahayn kuwo dhamaystiran. Labad waxay yihiin kuwo la mid ah isla markaana ka duwan dadka ingiriiska ah ee ay la dhaqmaan.

Waxay tahay in la yidhaaho, waxay suurto geliyeen inay ku noolaadan faraqa dhaqamada kalena la macaamilaan

hands resting on the lower thigh and the fingers spread apart. The pose is striking and one we Westerners are not familiar with.

There is, in general, a formality in their poses. And then there are the ways in which they look back at the camera, i.e., the sitters' gaze. These are matters that we have previously discussed.

So, in answer to your question, my point is not that there are no differences between "them" and "us". Rather, it is that these differences are not absolute. They are both like and unlike their native British counterparts.

And it must be said that, for years, they have managed well to live with difference, to negotiate between cultures. The question is: Can we?

THE AUTHOR: One of my favourite images in your work is the photograph of Mahamud Jama Mohamed with his jeans with the large turned-up cuffs (p. 90). It's as if the top and bottom of his outfit belong to two different cultures.

THE PHOTOGRAPHER: Yes, I like that photograph too—and partly for the reasons you have just stated. The point is that most of these men are bi-cultural, with complex identities. They belong to two worlds—not just the world of Somali society and culture but also Western society and culture. The superficial viewer can easily fail to see their complex cultural positions and identities.

THE AUTHOR: This leads me to another observation: in terms of their facial features, these men have a wide variety of appearances. They don't look like they're all from the same gene pool, that they're all one people in a biological sense.

THE PHOTOGRAPHER: I don't know much about genetics. I did study biological anthropology but I'm not sure that, knowledge is the most relevant here.

Let me pose the issue in a slightly different way. Suppose one asks: "What does a Somali look like?" The answer the photographs in this book provides is that there is no one look: Somalis are a population largely characterised by difference—like most other ethnic groups and nations.

This project, therefore, problematises simple notions of identity which assume that ethnic (and racial groups) are distinct and essentially homogeneous. I did not know that this would be one of the outcomes of this work, but I am pleased that it is.

waydiintu waxay tahay innagu sidaa ma yeeli karnaa?

QORAAGA: Muuqaalada mid ka mida kuwaan ugu jecelahay ee hawl qabadkaagu waa sawirka Maxamuud Jaamac Maxamed ee jiiniska uu gashanyahay leeyahay cadfad sare u soo laaban (p. 90) waxay tahay sidii ay inta sare iyo inta hoose ee labiskiisu ka soo kala jeedaan laba dhaqan oo kala duwan.

SAWIRQAADE: Haa aniguba sawirkaa waan jecelahay qayb ahaan sababahaad aad tidhi. Qodobku waxay weeye in raggan badidoodu yihiin laba dhaqanlayaal oo aqoonsiyadoodu cuyuban yihiin. Laba adduun ayey ku kala abtirsadaan ma aha oo keliya dunida soomaaliyeed bulsho iyo dhaqan ahaanba, balse bulshada iyo dhaqanka reer galbeedkaba. Daawadaha korka sare ka eega si yar ayuu ugu dhacayaa inuu arko kaalintooda iyo aqoonsigooda dhaqameed ee cuyuban.

QORAAGA: Tani eegmo kale ayey ii horseeday. Marka laga eego sida wejiyadoodu u muuqdaan si ballaadhan ayey nimankani u kale arag duwan yihiin una kala muuqaal duwanyihiin. Umana eeka inay meel ka soo wada jeedaan, yihiina dad qudha oo isku hidde ah iskuna dhiig ah.

SAWIRQAADE: Waxa badan kama aqaani cilmiga hidda raaca waan bartay cilmiga Nafta ee la xidhiidha barashada dhaqanka bulshada, mase hubo in halkan ay ku habboontahay garashada noocaasi. Bal aan arrinta sidaa si ka yara duwan u dhigo.

Ka soo qaad in qof ku waydiiyo: Soomaaligu sideebuu u eeg yahay? Jawaabaha sawirada buugani bixinayaan waxay tahay inaysan lahayn isu eekaan keliya. Soomaalidu dadyow baddan oo ku sifowdbay kala duwanaan, ayey la mid yihiin sida kooxaha ama qowmiyadaha laga tirada badanyahay.

Haddaba mashruucani waa mid dhibaataynaya fikirka fudud ee aqoonsiimada ah, taasoo keenta in jinsiyadaha (iyo kooxaha midabka ku salaysani) ka soocan yihiin iskuna jaad yihiin iyagu. Ma garaneyn inay taasi noqondoonto waxa ka dhashay ama ka soo baxay howl qabadkan. Waanse ku faraxsanahay inay sidaa noqotay.

Arrimo Siyaasadeed oo kale

QORAAGA: Waa maxay qanciska lagama maarmaanka ah ee muuqaaladani? Miyey gacan inaga siinayaan inaynu si kale wax u aragno? Bedelnana aragtideena? Ma waxay dhiiri gelinayaan fahanka sida shucuur la wadaaga, mise kala fogaansho ayey xoojinayaan?

SAWIRQAADE: Sidaan filayo waxaan hore u idhi waxaan filayaa in sawiradani ku so dhaweeynayaan, balse ku

Other Matters of Politics

THE AUTHOR: What is the ethical content—or ethical imperative—of these images? Do they help us to see otherwise, to change our point of view? Do they encourage understanding, i.e., empathy? Or do they reinforce distance?

THE PHOTOGRAPHER: As I think I said earlier, I hope that these photographs invite —even compel—the viewer to think and feel and perhaps to question his or her long-held assumptions. What I hope to encourage is reflection, contemplation.

Note that I said think and feel. I want my images to hit the viewer in the gut and, also, to cause reflection. Human beings—Freud was right on this point—are not simply rational creatures. If art is to have any impact, say, on xenophobia and racism, it needs to engage viewers on more than one level.

THE AUTHOR: Is this socially conscious photography?

THE PHOTOGRAPHER: Yes. I make no apologies for that.

As is well known, I'm interested in cultural politics. In much of my photography, as in much of my writing and curating, I seek to create cultural spaces in which historically marginalised and excluded groups can be seen and heard. Culture, for me, is an arena in which individuals and groups struggle to achieve democracy, e.g., with regard to representation. Thus I am attracted to photographic images that give ordinary people visibility, status and dignity.

THE AUTHOR: So, given the subject matter and intent, would you classify the Somali Elders project as anti-racist photography?

THE PHOTOGRAPHER: Classifications don't particularly concern me. But, although I have not dwelt on the project in those terms, I would accept that designation. I would say that I hope that these images contribute to a reduction in xenophobia and Islamaphobia—that they help to undermine the myth that brown-skinned people and Muslims are not quite human beings; that they contribute, at least in some small way, to a better world in which there is respect for difference and a realisation that human beings are, essentially, one.

THE AUTHOR: So, you're a humanist?

THE PHOTOGRAPHER: After years of attacks from poststructuralist, postmodernist and postcolonialist theorists, "humanist" is a term that has become almost a

khasbayaan daawadaha inuu fikiro, dareemo, warsadana si uu u qaato inta badan ee ku wareegeysay. Waxaan filayaa waxay tahay inaan dhiiri geliyo dib u jaleecida iyo ka baaraandegida.

Ogsoonow inaan idhi dareen & fikir, waxaan rabaa in muuqaaladan aan qaaday daawadaha ka abaaraan beerka iyo wadnaha, isla markaana inay abuuraan dib u jalleecid. Freud wuu ku saxsanaa qodobkan odhnaya bani aadamigu si hawl yar uma aha noolaha la fahmi karo. Hadduu farshaxanku kala sooco jinsi ka cabsiga iyo jisnsi diidka, taasi waxay u baahan tahay in daawadayaasha lagu hawl geliyo arrinta midda kale ka badan.

QORAAGA: Sawir qaadidani ma mid hanuunin bulshadeedbaa?

SAWIRQAADE: Haa, mana aha arrin aan ka cudur daaranayo.

Sida caanka ah, waxaan xiiseeyaa siyaasad dhaqameedka in badan oo sawirqaadidayda ah, lana mid ah qoraaladayda iyo carwo maamulidayda waxaan raadshaa inaan banaano dhaqameed curiyo. Meeshaa kooxaha taariikh ahaan la yareysto ee la fogeeyo, laga arki karo lagana maqli karo. Xagayga dhaqanku waa goob dagaal halkaasoo midh-midhka iyo kooxuhu u beretemayaan si ay u gaadhaan dimuquraadiyad. Tusaale: arrinta la xidhiidha matelaadda ama wakiilmada sidaa. Taas oo soo jiidata muuqaalada sawiran ee dadka caadiga ah u yeelaysa aragti, darajo iyo tix gelin.

QORAAGA: Waayahay, haddaynu qaadano ujeedada iyo nuxurka, ma waxaa mashruuca odeyaasha Soomaaliyeed u sooci lahayd inuu yahay sawirqaadid lid ku ah midab kala sooca?

SAWIRQAADE: Si gaar ah iima khuseeyaan kala soocidu, ha yeeshee, inkastoonan mashruuca ka abaarin siyaabahaa, misana magacaabidaa waan ogolahay. Waxaan leeyahay waxaan rajaynayaa in muuqaaladani gacan ka geysanayaan dhimidda nacabka soo galeenka iyo Islaam diidka; waxay gacan siinayaan xidid u siibka khuraafaadka odhanaya kuwa diirkoodu yahay Bunku iyo Muslimiintu aanay ahayn Bini Aadami; inay qeyb ka geysteen, haba yaraatee, xaga nolol wacan oo ay ku jirto qadarini loo hayo kala duwanaashaha iyo in la garowsado in asal ahaan Bani Aadamigu yahay mid keliya.

SAWIRQAADE: Ma Cilmiga Bani Aadamkaad aqoon u leedahay?

QORAAGA: Ka dib, weerar badan oo kaaga yimid dhinac fikir abuurayaasha lidka ku ah qaab dhismeedka; casriyaynta iyo gumaysiga "ku xeel dheeraanta cilmiga

dirty word—and I myself wrote a pretty strong denunciation of it in *Cultural Politics*.[8] Nonetheless, I'm attracted to what is called "humanist photography"—i.e., photography that explores "the human condition" and treats working-class and marginalised people with dignity and respect. With regard to photographic portraiture, I agree with Gerry Badger, who once wrote: "Moral authority, or photographic integrity, call it what you will, should be a primary attribute of the best photographic portraitists. They should not steal the soul so much as tenderly borrow it and return it carefully, respect for the sitter intact."[9] Like all humanist photographers, I seek to produce honest, respectful images that are both tender and powerful.

THE AUTHOR: So, for you, the best photography is form of cultural politics?

THE PHOTOGRAPHER: Well, actually, all photography is cultural politics. Photography is not neutral: I don't mind taking sides, although I'm not interested in producing Propaganda. I want to produce images that people like and enjoy, but that also cause them to think and feel and perhaps even to shift their position.

THE AUTHOR: I think, judging by your age and what you say, that you must be a child of the sixties. This all sounds a bit naive.

THE PHOTOGRAPHER: Perhaps, but that does not stop me from trying.

Aesthetic Judgement

THE AUTHOR: Do you think these are good photographs?

THE PHOTOGRAPHER: I think at least of some of them are good. The viewers and readers will be my judge. David Hurn, the *Magnum* photographer,[10] said once that a good photograph is a photograph that makes you stop.[11] I think at least some of these images make the viewer stop: they force you to look and look again; they hit you in the gut.

There is emotion, beauty and power in these photographed faces. The face, many cultures believe, is a window on to the soul. As I think I said earlier, we believe that a person's personality, their inner character or "essence", is revealed through the face. Thus, strong portraits, in particular, are likely to make the viewer stop.

Although some of these images rely on their compositional strength—I'm thinking of the photographs of Muuze Ismael Argin (Plate 51), Mohamed Adan (Plate 36) and Yasin Awad Mohamed (Plate 61)—virtually all of the rest of

Aadamaha" ayaa ah weedh uskag ah; aniguna si weyn ayaan qoraal ahaan ugu canbaareeyey *Cultural Politics*.[8] Hayeeshee waxa loogu yeedho "sawirqaadida la xidhiidha cilmiga Aadamaha" ulana dhaqmeysid dabaqaada shaqaalaha iyo dadka aan awood badan lahayn, si karaamo iyo qadarinba leh. Marka la eego sawirqaadida qaarka sare, waxaan ku raacsanahay Gerry Badger, oo mar qoray "Awood anshax ama sharaftka sawirqaadida , taad doontid ugu yeedh; ta asaasi ahaan logu tilmaamo sawirqaadida qaarka sare ee ugu mudani waa inaysan ku koobin qofka in ka badan inta dayn ahaan loo ogol yahay, waana inay ugu soo celiyaan la sawirayaa iyadoon wax la gaadhsiin sida ay wada yihiin dhamaan sawirqadayaasha ku xeel dheer cilmiga Aadamaha, waanan doonaa inaan soo saaro muuqaalo ah daacad, qadarina-mudan debecsan isla markaana xoogan.

QORAAGA: Haddaba, siday kula tahay sawirqaadida ugu wacani waa nooc ah siyaasad dhaqameed?

SAWIRQAADE: Hagaag, run ahaantii, sawir qaadida oo dhami waa siyaasad dhaqameed. Sawir qaadiddu ma noqon karto dhexdhexaad, waxba kama lihi hadaan dhinac isku badiyo ama raaco, inkastoo aanan ahmiyad siin dacaayad soo saarid. Waxaan rabaa inaan soo saaro muqaalo dadku jecladaan kana helaan, isla markaana ku keenta inay fekaraan, dareemaan, la' arkaana inay bedelaan aragtidooda iyo mowqifkooda.

QORAAGA: Waxaan qabaa, markaan eego da'daada iyo waxa aad sheegayso, maad weli tahay qof yar oo weli ku jira lixdanaadkii. Arrimaha oo dhami way kula fudud yihiin?

SAWIRQAADE: Laga yaabee, taasi igama joojinnayso isku dayga.

Go'aaminta Bilicda

QORAAGA: Ma kula yihiin sawiradani qaar qurxoon?

SAWIRQAADE: Waxaan qabaa inay qaar ka midi qurxoon yihiin. Daawadayaasha iyo akhristayaasha buugga ayaa noqonaya garsoorahayga. David Hurn, oo sawirqaade helay darajada Magnum[10] ee sawirqaadida ayaa hore u yidhi: Sawirku waa ka ku joojiya ee aad isku soo taagtid[11], waxaan qabaa in, haddday ugu liidato, muuqaalada qaarkood daawadaha joojiyaan, waxay ku cadaadinayaan inaad mar iyo lababa eegtid, beerkay kaaga dhacayaan.

Wejiyada sawiradani waxay huwanyihiin qiiro, qurux iyo awood. Dhaqamo badan ayaa rumaysan in wejiyadu daawadaha la arki karo ruuxa noolaha ah. Sidaan filayo inaan hore u idhi, waxaan rumaysanahay in shakhsiyaadka qofka, dabeecadiisa iyo nuxurkiisa laga akhriyi karo

them rely on the sitters' faces and poses. It is, predominately, their presence, not mine, that gives these images their power.

THE AUTHOR: Thanks for that. I don't have any more questions. Is there anything else you would like to say?

THE PHOTOGRAPHER: Yes, there is one thing: I hope that you don't misquote me when you edit and publish this. I've tried to be honest and clear in my responses. I hope you don't undermine my voice.

THE AUTHOR: I won't. In fact, to ensure that your concerns are met, I am considering publishing this not in an essay by me with quotes from you, but in a dialogue between the two of us.

THE PHOTOGRAPHER: Now, I like that idea.

Notes

1. There are two mosques in Butetown: the Nuur al-Islam Mosque, which was opened in the 1940s, and the South Wales Islamic Cultural Centre, which was opened in the 1960s. Somalis attend both mosques, but there is a greater concentration at the former. Local people sometimes refer to the former as "the Somali mosque" and the latter as "the Yemeni mosque", but this distinction is not quite accurate.

2. This photograph was subjected to considerable manipulation on the computer, using Photoshop. We removed a dark shadow from behind the subject and diminished the effect of the flash in the pupils of his eyes. Once I realised that I did not have a sufficiently good photograph of Ismail Issa Elayeh to exhibit, I wanted to re-photograph him again. But, by 2004, when I resumed the project, he had already returned to Somaliland. I also wanted to re-photograph and intervieew Haji Ismael Haji Ibrahim (see photograph on p. 5) but he too had returned home.

3. I am aware of another tradition of portraiture photography, namely he environmental portraiture of Arnold Newman, which could have been drawn upon in this project. "Environmental portraiture" involves the construction of images in which the subject is photographed in an environment including objects—furniture, tools, products—that signify their occupation or social status. For example, there is a classic photography of Igor Stravinsky in which the top of a black grand piano dominates the frame and a photograph of Jackson Pollock in which paint cans and paint brushes occupy the foreground. See, e.g., Philip Brookman and Arnold Newman, *Arnold Newman* (Köln: Taschen, 2000) and Arnold Newman, *Arnold Newman's Americans* (Boston: Bulfinch, 1992).

   Successful "environmental portraiture" requires detailed knowledge of the subjects and is easiest when the subject is particularly associated with certain objects: it is no accident that many of Newman's subjects are artists. It also requires considerable staging and cumbersome equipment, including

wejigiisa. Sidaa darted ayaa sawirka muqaalka adag lehi sida;kuwa ku khasba daawadaha inuu u soo joogsado.

Inkastoo mid ka mida muuqaladu uu ku tiirsanyahay laxaadkiisa dhismeed—waxaan ka fekereyaa sawiradda Muuse Ismaaciil Ergin (Sawirka 51) Maxamed Aadan (Sawirka 36), iyo Yaasiin Cawad Maxamed (Sawirka 61) dhab ahaantii, intooda kale waxay ku tiirsanyihiin la sawirayaasha – fadhiga, wejiyada iyo qaab u fadhiga. Inta badani waa joogitaankkooga ay diyaarka u yihiin, ta muuqaalada siinaysaa awood soo jiidasho, ee aniga ma aha.

QORAAGA: Taa waad ku mahadsantahay. Ma hayo wax danbe oo aan ku weydiiyo. Ma jiraan wax kaloo aad ku kordhinaysaa intaa?

SAWIRQAADE: Haa, arrin keliya baa jirta, waxaan ku rajo weynahay inaadan si ka duwan sidaan wax u idhi, wax u eegin kolka aad diyaarinaysid buuqan. Waan isku dayey inaan daacad iyo mugdi la'aan ku dhiibto jawaabahayga, waxaan qoon dareynayaa inaadan codkayga hoos u dhigin.

QORAAGA: U dhigi mayo, runtii, si aan u sugo in cabashadaada aan tix geliyo, waxaan ku fekereyaa inaanan buugan u daabicin maqaal ahaan, balse ka dhigo dood labadeena dhex martey.

SAWIRQAADE: Hadda, fikraddan ayaan hooyaa.

Xasuus

1. Laba masaajid ayaa ku yaal xaafada Butetown: Masaajidka Nuur al-Islam oo la furay 1940kii, iyo Xarunta Dhaqanka Islaamka ee Koonfurta Welishka, oo la furay 1960kii. Soomaalidu labadaba way tagtaa, waxayse u badan yihiin ka hore. Dadka xaafadu ka hore waxay mararka qaarkood ugu yeedhaan "Masaajidka Soomaalida", ka danbana "Masaajidka Yamanta", ha ahaatee kala duwanaantu toos uma sugna.

2. Sawir qaadidan in badan baa Kumbuyuutarka lagu rog-rogay, lana adeeg saday barnaamijka Photoshop. La sawirayaasha waxaanu dhabarkooda ka qaadnay hoos madoow, waxaanan diciifinay waxa yeelka iftiinka kamarada ee idhaha ka qabanayey. Marbaa jirtay aan ogaaday inaan ka hayn Ismacil Ciise Ileeya sawir aan soo bandhigo, waxay noqotay inaan dib u sawiro, ha yeeshee sanadkan 2004, markaasoo aan mashruuca sii ambo qaaday, soomaaliland buu ku laabtay. Waxa kaloo aan doonayey inaan dib u sawiro wareystana Xaaji Ismaaciil Xaaji Ibraahim, ha yeeshee, sidoo kale ayuu isaguna Soomaliland ugu laabtay.

3. Waxaan ogahay siyaabo kale ee dhaqan o loo sawiro qaarka sare ee qofka. Magac ahaan, sawirka degaanka qaarka sare uu leeyahay Arnold Newman oo ay ahayd in ruuxan lagu soo sawiro "sawir degaanka wuxuu isugu jiraa dhisidda muuqaalada halkasoo qofka lagu sawiro degaan ay ku dhex jiraan waxyaabo- alaabta guriga, qalabka shaqada, muujinaya shaqadooda ama kaalintooda bulsho-tusaale ahaan, shaqada ama kaalintooda (Sawirqaadid Duuga ah) oo Igor Stravinsky tasoo biyaano weyn oo madow xaggiisa sare buuxinaysa fareenka intiisa badan, iyo sawirka

portable artificial lighting. For all of these reasons, it was not a viable option for the Somali Elders project.

4. Susan Sontag, *On Photography* (London: Penguin Books, 1979), p. 161.

5. Quoted in Robert Sobieszek, *Ghost in the Shell: Photography and the Human Soul, 1850-2000* (Los Angeles: Los Angeles County Museum of Art and Cambridge, Massachusetts: MIT Press, 1999), p. 23.

6. Quoted in Sobieszek (1999), p. 25.

7. For an excellent discussion of racial stereotyping, see Stuart Hall, "The Spectacle of the Other". In Stuart Hall, editor, *Representation: Cultural Representations and Signifying Practices* (London: Sage Publications), 1997, pp. 223-290.

8. The reference here is to Glenn Jordan and Chris Weedon, *Cultural Politics: Class, Gender, Race and the Postmodern World* (Blackwell, 1995). See, in particular, chapter two, which is on the development of British cultural policy as a liberal humanist project.

9. The quote is from Gerry Badger, "Richard Avedon: I Want to Be an Artist Like Diane" in Peter Turner and Gerry Badger, *Photo Texts* (London: Travelling Light, 1988), p. 126.

10. Magnum was founded in 1947 by Robert Capa, Henri Cartier-Bresson, David "Chim" Seymour and George Rodger. The attempt was to create an organisation, controlled and run by the photographers themselves, which would protect the ownership of members' negatives, allow members' to choose their own photographic assignments and give them editorial control over the use of their negatives. Thus, Magnum photographers would be free from the control of large magazines and picture agencies.

Since its founding, Magnum has included more than 100 members. The most famous Magnum photographer is, of course, Henri Cartier-Bresson. Other members include such well-known photographers as Abbas, Eve Arnold, Bruce Davidson, Elliott Erwitt, Martine Franck, Philip Jones Griffiths, David Hurn, Josef Koudelka, Steve McCurry, Susan Meiselas, Inge Morath, Martin Parr, Eli Reed, Chris Steele-Perkins, Gilles Peress, Ferdinando Scianna, and Patrick Zachmann.

The work of Magnum photographers varies. Nonetheless, there are stylistic similarities and, crucially, they are all committed to some form of humanist reportage photography. Thus their work tends to privilege such topics as war, poverty, urban life, religious fundamentalism and national identity. They are photojournalists who seek to make us aware of the human condition today. Magnum photographers tend to work on projects over a substantial period of time and have produced some of the most memorable photographic books of the past 50 years.

11. David Hurn's views on photographs and photography are contained in two excellent books which he did with Bill Jay: *On Looking at Photographs* (Portland, Oregon, Lenswork, 2000) and *On Being a Photographer* (Portland, Oregon: Lenswork, 1997).

Jackson Pollock oo qasacada rinjiga io Burushka rinjiga buuxuyeen muqaalka hore eeg. Tusaale ahaan. Philip Brookman iyo Arnold Newman (Koln: Taschen 200) iyo *Arnold Newman* sawiradiisa Americans (Boston: bullfinch 1992). Sawirka degaanka ee naajaxa ahi wuxuu kaa doonayaa aqoon tafa tiran inaad u yeelato dadka la sawirayo, weyna fududahay marka dadku walaxyo ku talax tagaan. Maaha in dadka uu sawiray newman qaarkood yihiin farshaxan yaqaano, sidoo kale, taasi waxay doonaysaa in badan oo tiyaatar sameyn ah iyo qalab culus oo ka kooban, qalabka qadma ee ifriiminta, sababahaas oo dhan darted, may noqon mid doorasho ahaan loo hir gelin karayo markay joogto mashruuca odayaasha Soomaalidu.

4. Laga soo xigtay: Susan Sontag, *On Photography* (London: Penguin Books, 1979), p. 161.

5. Laga soo xigtay: Robert Sobieszek, *Ghost in the Shell: Photography and the Human Soul, 1850-2000* (Los Angeles: Los Angeles County Museum of Art and Cambridge, Massachusetts: MIT Press, 1999), p. 23.

6. Laga soo xigtay Sobieszek (1999), p. 25.

7. Ka doodid fiican oo ku saabsan firadda laga haysto midab kala sooca, eeg: Stuart Hall, "The Spectacle of the Other". In Stuart Hall, editor, *Representation: Cultural Representations and Signifying Practices* (London: Sage Publications), 1997, pp. 223-290.

8. Tix raacu halkan waa: Glenn Jordan and Chris Weedon, *Cultural Politics: Class, Gender, Race and the Postmodern World* (Blackwell, 1995). Eeg, gaar ahaan, jabtarka labaad ee ku jira harumarinta sharciga dhaqanka Biritishka iyadob ah mashruuc bili'aadmi oon adkayn.

9. Laga soo xigtay: Gerry Badger, "Richard Avedon: I Want to Be an Artist Like Diane" in Peter Turner and Gerry Badger, *Photo Texts* (London: Travelling Light, 1988), p. 126.

10. Hayada Magnum waxa la assaasay sanadkii 1947 waxaana assaasay nimankan: Henri Cartier-Bresson, David "Chim" Seymour iyo George Rodger. Waxa la isku deyayey in la abuuro hayad, ay maamulaan kana sheqeeyaan niman sawirqaadayaal ah, taas oo ilaalin doonta la'haanshada negetifyada dadka hayada ka midka ah, inay doortaan shaqooyina ay rabaan inay qabtaan ee sawireed, siiyana awood ay u habeeyaan isticmaalka negatifyadooda. Sidaa darted ayaa sawirqaadayaasha ka midka ah Mugnum ay uga xoroobeen talintii magaasiinada iyo agensiyada sawirada ee waaweyn.

Intii hayada Magnum la taagay waxa ka mid noqday in ka baddan 100 sawirqaade. Kuwa ugu caansan ee Magnum ka midka ah waxa ka mida, Henri Cartier-Bresson. Kuwa kale ee la wada yaqaan ee ka midka ahi waa, Abbas, Eve Arnold, Bruce Davidson, Elliott Erwitt, Martine Frank, Philip Jones Griffths, David Hurn, Josef Koudelka, Steve MacCurry, Susan Meiselas, Inge Morath, Martin Parr, Eli Reed, Chris Steele-Perkins, Gilles Peress, Ferdinando Scianna, iyo Patrick Zachmann.

Shaqada sawirqaadayaasha Magnumka ku jiraa way kala duwan tahay. Hadana, xeelad ahaan waa isku mid, dhab ahaana waxay gidigood wadaagaan sawirqaadida aadamiga ah. Sidaa darted ayey qiimeeyaan sawirqaadida qodobada sida, dagaalka, gaajada, nolol magaaleedka, asal raaca diinta, iyo astaanta wadaninimo. Waxay yihiin sawiqaadayaal weriyayaal ah, kuwaas oo doona siduu aadamuhu u nool yahay maanta. Waxay kuwani isku holaan inay diyaariyaan mashaariicdooda sawireed mudo dheer, waxayna soo saareen bugaagta ugu xasuusta badan ee sawireed ee 50 sano ee ina soo dhaafay.

11. Rayiga David Hurn ee ku jihaysan sawirada iyo sawirqaadidu waxay ku urursanyihiin laba buug oo qiimo leh oo uu la qaray Bill Jay: *On looking at Photographs* (Portland Oregon, Lenswork, 2000) iyo *On Being a Photographer* (Portland, Oregon: Lenswork, 1997).

Ali Mohamed Ahmed & Abdi Arwo. Cardiff, 2004
Cali Maxamed Axmed iyo Cabdi Carwo

Portraits
Muuqaal

Of all the modes of photographic expression, the most difficult to resolve successfully would seem to be the portrait. A portrait photograph immediately triggers such profoundly personal responses in the viewer, emotive, paradoxical, and not always rational. The issues raised are complex, challenging, even treacherous, centring upon the self and its representation, upon identity and immortality.... [The photo-portrait] is fully capable of mythologizing and immortalising. It can confer acknowledgement and bestow dignity. It can also stereotype, debase, and dehumanise.

The portraitist, therefore, should harbour a clear moral mandate, for his [or her] powers to misrepresent are wide. He has been entrusted, no less, with his sitter's identity. And the act of portrait making... is inherently perilous.... But if the moral injunction is recognised, and accepted, then the photographic portrait at best might reinforce our positive sense of collective and individual humanity. Thus for me the best photo-portraitists invariably have been humanists. And if they themselves have not been outright moralists, their work nevertheless has been moral.

— From an essay by Gerry Badger on Richard Avedon in
Peter Turner and Gerry Badger, *Photo Texts* (London:
Travelling Light, 1988), p. 125

1   Said Ismail Ali (Said Shuqule), Cardiff, 2001
1   Saciid Ismaaciil Cali (Saciid Shuqule)

2   A<small>BDI</small> A<small>DAN</small> M<small>OHAMED</small>, C<small>ARDIFF</small>, 2004

2   C<small>ABDI</small> A<small>ADAN</small> M<small>AXAMED</small>

3   ADAN ABDILLAHI HASSAN, CARDIFF, 2004
3   AADAN CABDILAAHI XASAN

4   ADAN HIRSI FARAH, CARDIFF, 2004
4   AADAN XIRSI FAARAX

5   ADAN IBRAHIM OMAR, LONDON, 2004
5   AADAN IBRAAHIM CUMAR

6   ADAN SAMATER YUSUF, CARDIFF, 2004

6   AADAN SAMATAR YUUSUF

7   AHMED MOHAMED ADAN ("SAFADRESS"), CARDIFF, 2004
7   AXMED MAXAMED AADAN ("SAFA DIREEYS")

8   AHMED YONIS AWALEH, CARDIFF, 2004
8   AXMED YOONIS CAWAALE

9   AHMED YONIS AWALEH, CARDIFF, 2004
9   AXMED YOONIS CAWAALE

10   Ahmed Yusuf Hersi, Cardiff, 2004
10   Axmed Yuusuf Xirsi

11   AHMED YUSUF HERSI, CARDIFF, 2004
11   AXMED YUUSUF XIRSI

12   ALI ELMI SHIRREH, LONDON, 2004
12   CALI CILMI SHIRE

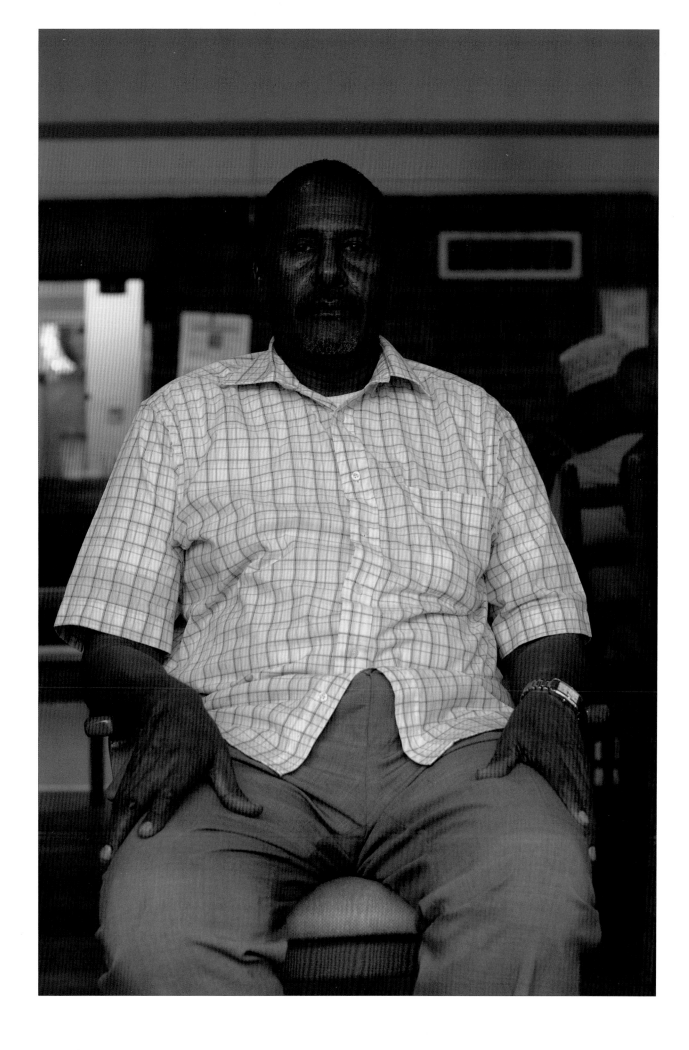

13   Ali Hersi Mohamed, London, 2004
13   Cali Hirsi Maxamed

14   ALI MOHAMED AHMED, CARDIFF, 2004
14   CALI MAXAMED AXMED

15   Ali Mohamed Ahmed, Cardiff, 2004

15   Cali Maxamed Axmed

16   Elmi Jama Handulleh ("Sultan"), Cardiff, 2001

16   Cilmi Jaamac Xandule

17   Esa Mohamed Omar, Cardiff, 2004
17   Ciise Maxamed Cumar

18   HASAN HAJI YUSUF, CARDIFF, 2004

18   XASAN XAAJI YUUSUF

19   HASSAN AHMED ESSA ("FARAS"), CARDIFF, 2001

19   XASAN AXMED CIISE ("FARAS")

21   Hassan Awad Mohamoud, Cardiff, 2004
21   Xasan Cawad Maxamed

22   Hussein Ismael Abdi, Cardiff, 2004
22   Xuseen Ismaaciil Abdi

23   HUSSEIN SAEED ALI, CARDIFF, 2004
23   XUSEEN SACIID CALI

24   Hussein Saeed Ali, Cardiff, 2004

24   Xuseen saciid Cali

25   Ibrahim Ahmed Hassan / Ibrahim Haji Findhe ("Baarjeeh"), Cardiff, 2004
25   Ibraahim Axmed Xasan/Ibraahim Haji Fidhe ("Baarjeex")

26   IBRAHIM HUSSEIN ABBY, CARDIFF, 2004
26   IBRAAHIM XUSEEN CAABI

27   ISMAEL ALI GASS, CARDIFF, 2004
27   ISMAACIIL CALI GAAS (MAHDI)

28   ISMAIL ADAN MIRREH, CARDIFF, 2004
28   ISMAACIIL AADAN MIRE

29   ISMAEL IBRAHIM WARSAMA, LONDON, 2004
29   ISMAACIIL IBRAAHIM WARSAME ("SAXARDIDD")

30   JAMA OMAR HERSI ("YARE"), CARDIFF, 2004

30   JAAMAC CUMAR HIRSI (JAAMAC YARE)

31   Mahamud Jama Mohamed, Cardiff, 2004

31   Maxamuud Jaamac Maxamed

32   MAHAMUD JAMA MOHAMED, CARDIFF, 2004

32   MAXAMUUD JAAMAC MAXAMED

33   TOP: MOHAMED ABDI AHMED AND ABDI ADAN, CARDIFF, 2004

34   BOTTOM: SAID ADAN YUSUF AND MOHAMED ABDI AHMED

33   KOR: MAXAMED CABDI AXMED IYO CABDI AADAN

34   HOOS: SACIID AADAN YUUSUF IYO MAXAMED CABDI AXMED

35   Mohamed Abdi Ahmed, Cardiff, 2004

35   Maxamed Cabdi Axmed

36   Mohamed Adan Abdi, London, 2004
36   Maxamed Aadan Abdi

37   Mohamed Adan Ahmed, London, 2004
37   Maxamed Aadan Axmed

38   Mohamed Ali Mohamed ("Gurase"), Cardiff, 2001
38   Maxamed Cali Maxamed (Guraase)

39   Mohamed Haji Omar ("Dafar"), Cardiff, 2004

39   Maxamed Xaaji Cumar ("Dafar")

40   MOHAMED HASHI HALIG, CARDIFF, 2004

40   MAXAMED XAASHI HAALIG

41   MOHAMED JAMA GULED, LONDON, 2004
41   MAXAMED JAAMAC GUULEED

42   Mohamed Madar Booh, Cardiff, 2001
42   Maxamed Madar Buux

43   Adan Abdillahi Hassan as a young man

43   Aden Cabdilahi Xasa isagoo yar

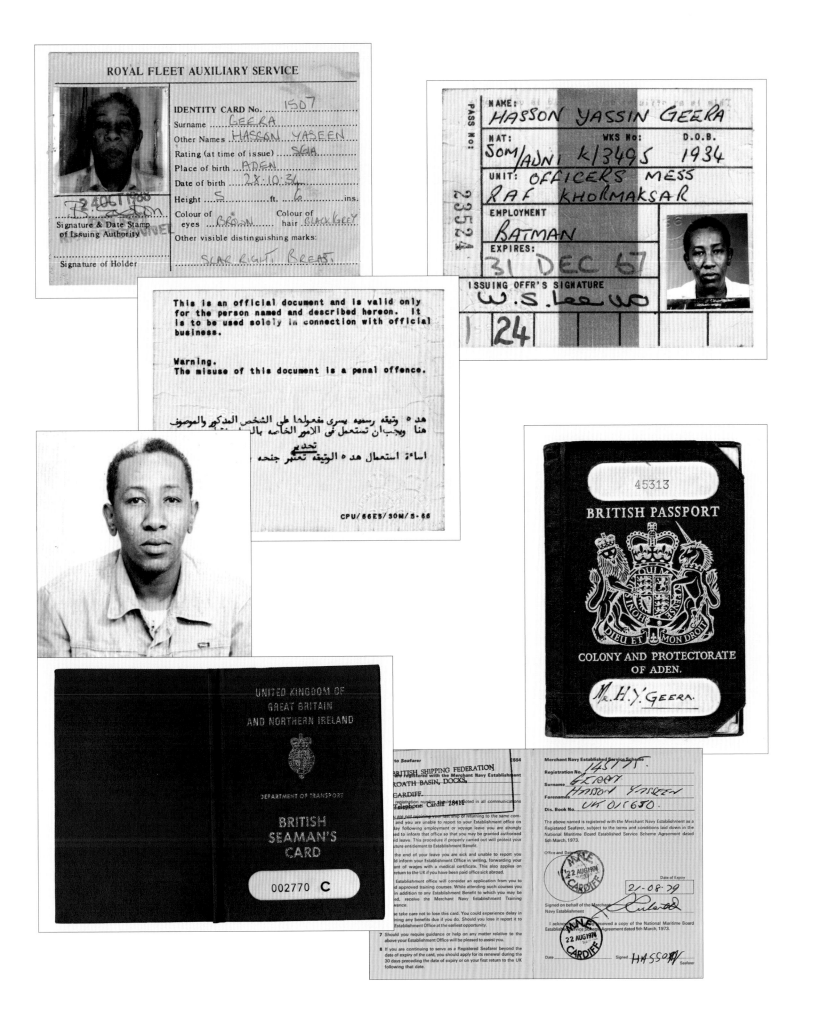

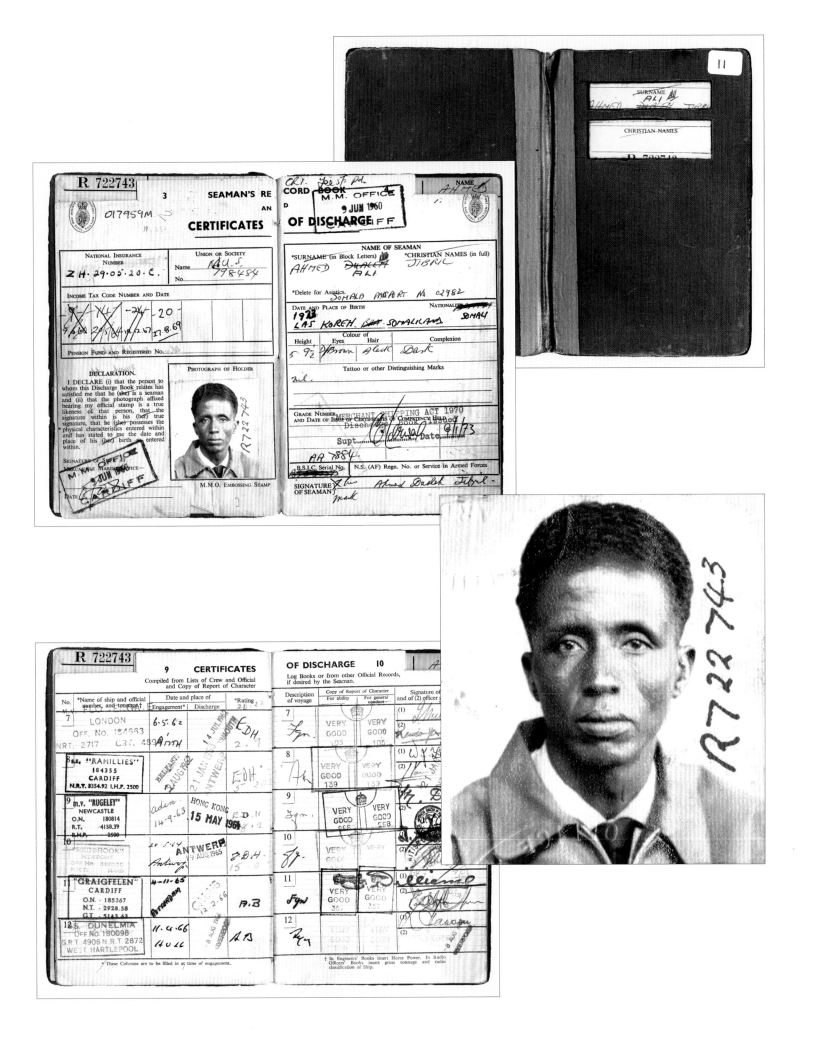

47 DOCUMENTS BELONGING TO AHMED ALI JIBRIL

47 WWAXAA DHOKUMENTIYADDAN LEH AXMED CALI JIBRIIL

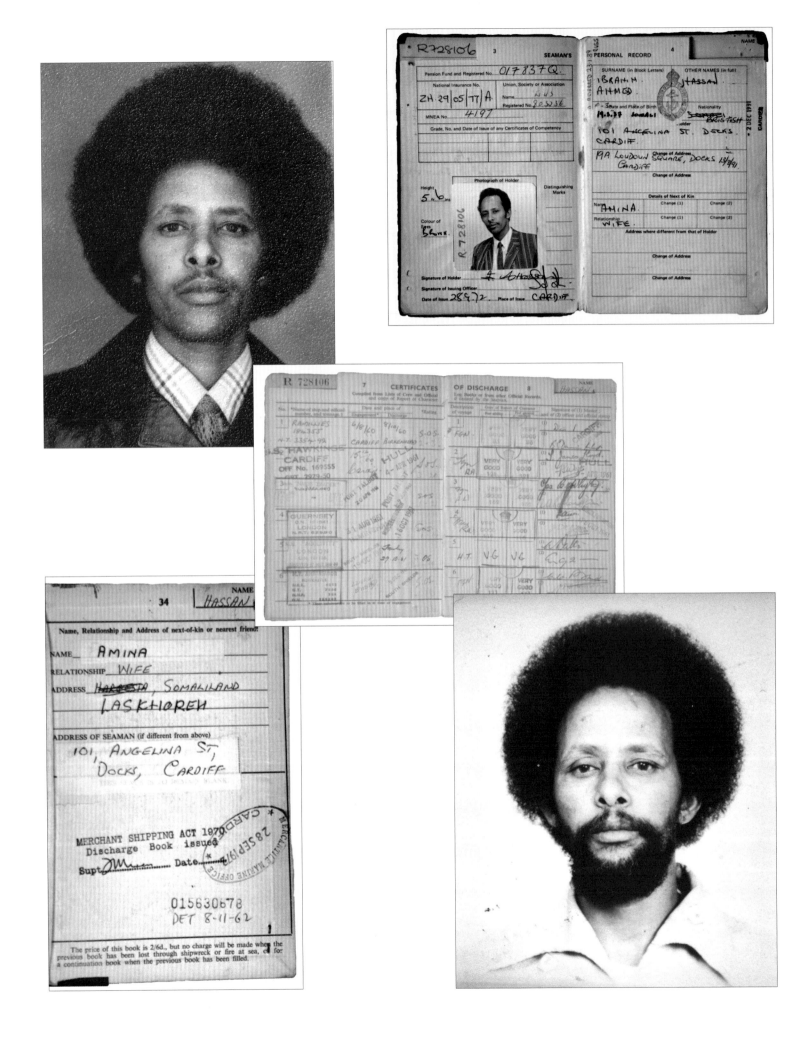

Documents belonging to Ibrahim Ahmed Hassan

Wwaxaa dhokumentiyaddan leh Ibrahim Axmed Xasan

50   Mohamoud Kalinle, Cardiff, 2001
50   Maxamuud Qalinle

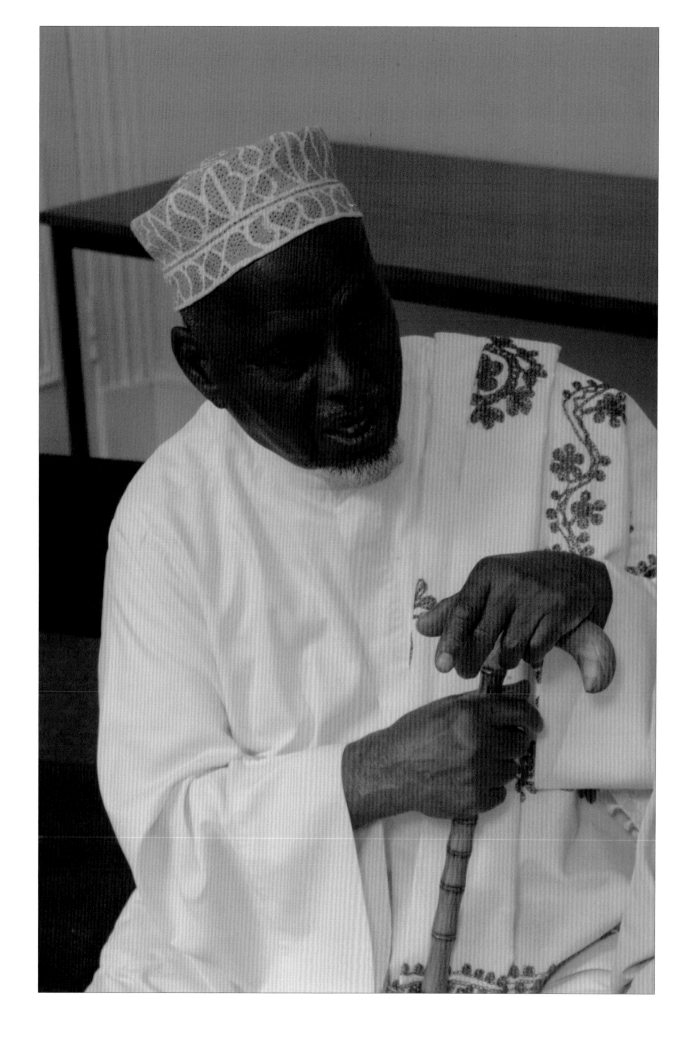

51   Muuze Ismail Argin, Cardiff, 2001
51   Muuse Ismaaciil Argin

52   OLAAD ISMAEL, LONDON, 2004
52   COLAAD ISMAACIIL

53   OMAR AHMED ABDILLAHI, CARDIFF, 2004
53   CUMAR AXMED CABDILAAHI

54   Omar Mohamed Hassan, London, 2004

54   Cumar Maxamed Xasan

55   OMAR NOOR KIBAR, CARDIFF, 2004

55   CUMAR KIBAAR NUUR

56   OSMAN JAMA YUSUF, CARDIFF, 2004
56   CUSMAAN JAAMAC YUUSUF

57   OMAR YUSSUF ESSA, CARDIFF, 2004
57   CUMAR YUUSUF CIISE

58   SAEED ALI ABYAN, LONDON, 2004
58   SACIID CALI ABYAN

59   SAEED ADAN YUSUF, CARDIFF, 2004
59   SACIID AADAN YUUSUF

60   Said Ismail Ali (Said Shuqule), Cardiff, 2001
60   Saciid Ismaaciil Cali (Saciid Shuqule)

61   Yasin Awad Mohamed, London, 2004
61   Yaasiin Awad Maxamed

62   Yasin Awad Mohamed, London, 2004

62   Yaasiin Awad Maxamed

63   Yusuf Ismael Ali, London, 2004
63   Yuusuf Ismaaciil Cali

64   Yusuf Mohamed Jama, London, 2004
64   Yuusuf Maxamed Jaamac

65   Mahamud Jama Mohamed, Cardiff, 2004
65   Maxamuud Jaamac Maxamed

Faces, Memories, Voices

Compiled and translated by Abdi Arwo
Edited by Chris Weedon and Glenn Jordan

The majority of the Somali elders depicted in this book are part of that invisible and marginalised group of men who served in the Royal Navy and Merchant Navy between 1935 and 1990. Some of them also worked in heavy industry, including the steel works, the mines and the docks.

The men in these photographs were all born in Somaliland, i.e. in what was then a British colony. Most of them are from in or around Hargeisa, Buroa, Arabsiyo or Berbera. For the most part, they came to the UK between 1937 and 1961. There was an earlier generation of Somali immigrants in Wales before them: e.g. Abdi Nuur (known locally as Abdi Gurri), to whom this book is dedicated, came prior to World War One. The author-photographer knew him well.

A minority of our Somali elders married local British women. Most had families in Somaliland, who only came to join them as a result of the civil war in Somalia. A small number of these men are themselves refugees from the civil war.

Below we provide brief accounts of their lives based on recent interviews conducted in Cardiff and London. Most of the interviews were conducted in Somali and then translated into English.

Wejiyo, Xusuuso, Codad

Waxa soo ururiyey oo turjumayna Cabdi Carwo,
Waxaana habeeyey Chris Weedon iyo Glenn Jordan

Baddi odeyada Soomaaliyeed ee buugan ku xusani waxay yihiin kooxda qarsoon, lana fogeeyey ee ka soo shaqeeysay Maraakiibta Ciidanka Bada ee Biritshka iyo kuwa Xamuulkaba intii u dhexeeysay sanadaddii 1937 iyo 1990. Qaarkood ayaa weliba kasoo shaqeeyey wershedaha waaweyn iyo shaqooyinka culus sida: Wershedaha Biraha shuba, dhuxul qodida iyo dekedahaba.

Nimankan halkan ku sawirani waxay badi ku dhasheen wadanka Somaliland; wadankii ay Biritan xukumi jirtay. Intooda badani waxay ka soo jeedaan magaalooyinka; Hargaysa, Burco, Arabsiyo, Berbera, Laas Qoray, iyo Laas Caanood. Inta badan waxay wadanka soo galeen intii u dhaxaysay sanadaddii 1937 ilaa 1961. Waxa jiray jiil kuwan ka horeeyey oo Soomaalida Welishka ahayd: Sida Cabdi Nuur (oo loo yaqaanay Cabdi Guray), oonu buuggan ku sharafnay, oo yimid ka hor Dagaalkii Dunida ee Kowaad. Qoraaga-Sawirlaha buuqana ay aqoon xeel dheer isku lahaayeen.

In kooban oo Odeyaashayadda ayaa guursaday dumar Biritisha oo deegaanka ah. Intooda badani waxay ku lahaayeen xaasas Soomaaliland, kuwaas oo keenay xaasaskooga dagaalkii sokeeye ee Soomaaliya awgii. In yar oo ka mid ah odeyadu waa kuwo ku yimid wadankan qoxootinimo dagaalkii Sokeeye dartii.

Hoosta waxaanu idiinku haynaa in kooban oo taariikhdii noloshooda, kuna salaysan wareysiyo aanu la yeelanay. Nasiibdaro in ka midda odeyadan ayaa geeriyooday intaanu bilownay mashruucan.

Abdi Adan Mohamed
Cabdi Aadan Maxamed

I was born to the north of Hargeisa on January 1st 1937. We had many camels and I used to look after them. After a lot of my friends and family left for the Gulf States, I followed them and left Somaliland in 1946 to find a job in Djibouti. I worked in coffee shops until I left there to go to Saudi Arabia in 1953. I stayed in a city called Dahran. I wanted to earn a lot of money and return to Somaliland. My uncle was in Saudi Arabia and I wanted to join him. I came to the UK in 1957 and landed at Heathrow Airport. I flew with the Dutch airline (KLM). I stayed in London for two weeks and then went to Sheffield, as I had an uncle who was living there. I started working in the steel works and I also worked in a factory, which used to make tins for the canned food industry and was called Bachelors Food. I was a semi-skilled man and also a machine operator. I moved to Cardiff in 1960 and worked at John Williams steel works for four years. I also worked at F H Lloyd for three years: we used to make military equipment. I went to sea in 1969 and joined my first ship at Bristol (Avonmouth). I left my last ship in 1989. My family joined me here in 1975 and I have a wife and twelve children. Most of my older children have finished university and are working. I still have some children in school here in Cardiff.

Waxaan ku dhashey woqooyiga Hargeysa kowdii bishii kowaad 1937. Waxaanu laheyn geel badan oon anigu raaci jiray, laakiin dad badan oonu asxaab iyo ehelba aanu ahayn oo Carabaha tegay owgood ayaan ana ka soo dhoofay wadankii sanadkii 1946 oon tegay Magaalada Jabuuti, markaan mudo makhaayadaha ka soo sheqeeyey ayaan u dhoofay wadanka Sacuudiga sanadkii 1953 oon joogay magaalada Dahraan. Waxaan doonayey inaan shaqeysto lacag badan oon ku laabto wadankii. Waxa halkaa ka sheqeysan jiray Adeerkay oon halkaa ugu tegey. Waxaan wadankan imid sanadkii 1957kii oon ka soo degey madaarka Heathrow ee London anigoo saarnaa diyaarada la ydihaa KLM ee laga leeyahay wadanka Holland. Waxaan joogey London muddo 2 Isbuuca kadibna waxaan u boqooley magaalda Sheffield oon ka bilaabey shaqo Wershedaha Biraha shiila iyo wershed kale oo sameyn jirtey qasacadaha cuntada lagu guro oo la odhan jirey Bachelors Food Ltd. Waxaan ahaa nin xirfad leh oo ka sheqeeyn jiray mishiinada. Waxaan magaalda Cardiff imid sanadkii 1960kii oon shaqo ka bilaabey wersheda Biraha oo la odhan jiray John Williams oon ka sheqeeyey 4 sano. Waxa kale oon ka sheqeeyey wershed kale oo la odhan jiray F H Lloyd muddo 3 sano ah oo sameyn jirtey qalabka uu Milaterigu Isticmaalo. Waxaan Markabkii ugu horeeyey fuulay sanadkii 1969 oon ka raacey dekeda magaaalad Bristol (Avon Mouth). Waxaanan ka degey sanadkii 1989kii. Reerkaygu waxay halkan iigu yimaadeen sanadkii 1975kii, waxaanan halkan ii jooga Xaas iyo 12 caruura. Caruurtayda waa weyni waxay dhamaantood ka bexeen Jaamacado weyna sheqeeyaan, welina waxa halkan ii jooga caruur yaryar oo Iskuulada dhigta.

Adan Abdillahi Hassan
Aadan Cabdilaahi Xasan

I was born in Hargeisa, Somaliland in 1945, I went to Quranic School and started my own business in Hargeisa while I was still young, selling and buying things. My business expanded and I used to run my own export and import business. In 1988, when the civil war started, I lost everything. We escaped to Ethiopia and then to Kenya. As I had some money, I sent my family to the UK, and after a few years I joined them here in Cardiff. My wife's name is Safia Abdillahi and we live here in Cardiff with our children. Some of our children are currently studying at university and some are still in school. I like this country, as it gave me the chance restart my life, as we lost everything back home.

Waxaan ku dhashay magaalada Hargeysa ee Somaliland sanadkii 1945kii. Waxaaan dhameystay malcaamada Quraanka. Waxaan bilaabay inaan ganacsade noqdo anigoo yar anigoo waxna iibsada waxna iibiya. Markaas ayuu balaadhay ganacsigeygii anigoo lahaa shirkad waxna soo dejisa waxna keenta. Sanadkii 1988 markuu dagaalkii bilaaamay ayaan wax kasta waayey. Waxaan u baxsanay Itoobiya, ka dibna Kiiniya. Anigoo lacag yar haystey awgeed ayaan u soo diray reerkaygii wadankan, sanado yar ka dibna anigaa imid oo la soo degay magaalada Cardiff. Gabadhayda waxa la yidhaa Safiya Cabdillahi, waxaanu ku nool nahay halkan Cardiff anaga iyo caruurtaayaduba. Caruurtayda qaarbaa Jaamacadaha dhigta, qaarna weli Iskuulada ayey ku jiraan. Wadankan waan jecelahay isagoo noo ogolaaday inaanu mar kale dib u dhisno noloshaayadii, kadib markay xoolahaayagii baaba'een.

Adan Hirsi Farah
Aadan Xirsi Faarax

I was born in 1935 in a town called Yiroowe, near the city of Buroa in Somaliland. I came here in 1958. I arrived in Dover from Marseiles. Before that, I worked in Aden for the British Army as a cook. I went to sea in 1959 and worked for both the Royal Navy and the Merchant Navy. I got married in Buroa to Amina Saleebaan in 1966. I have been trying to bring my family over to join me here for the last nine years, but my case is still with the Home Office. They insist that I have two wives, although I sent them two witness statements explaining that I only got married once. I have a solicitor for this case and the Somali Advice and Information Centre also tried to help me, but without success.

Waxaan ku dhashay tuulo layidhaa Yiroowe oo u dhow magaalada Burco ee Somaliland. Waxaan halkan imid sanadkii 1958. Waxaan ka soo degay magaalada Dover anigoo ka imid magaalada Merseel. Intaa ka hor waxaan dabaakh u ahaa Milateriga Biritishka ee Cadan. Waxaan bada galey sanadkii 1959 anigoo u shaqeeyey maraakiibta Ciidamada Bada ee Biritishka iyo kuwa xamuulkaba. Waxaan ku aqal galay magaalada Burco anigoo guursaday Aamina Saleebaan sanadkii 1966. Waxaan isku dayey inaan xaaskayga keeno halkan mudo 9 sanadood ah, laakiin weli dacwadeydii waxay ku maqan tahay wasaarada arimaha gudaha. Waxay leeyihiin waxaad leedahay laba xaas; anigoo laba markhaati ii cadeeyeen inaan mar uun guursaday oon waraaqihii u diaray. Arintan waxa gacanta iigu haya gar yaqaan, xafiiska Talo Bixinta Soomaaliduna wuu isku dayey inuu arintan wax igala qabto , laakiin kumay guulaysan.

Adan Ibrahim Omar
Aadan Ibraahim Cumar

I was born in Buroa, Somaliland, in 1951. I came to the UK in 1990 because of the civil war. I was a cook in Somalia and when I arrived in Cardiff, I worked as a cook in one of the Somali boarding houses in Angelina Street, in Tiger Bay. I moved to London in 1995 and started working in this day care centre as a cook. I have been here since then.

Waxaan ku dhashay magaalada Burco ee Somaliland sanadkii

1951kii. Waxaan imid wadankan sanadkii 1990 anigoo ka soo cararay dagaalkii wadankayga ka socdey. Waxaan ahaan jiray Cunto kariye markaan joogey wadankii, markaan halkan imidna shaqadaydii baan halkaa ka sii watey, anigoo u shaqeeyey makhaayad ku taalay waddada Angelina ee xaafada Tiger Bay ee magaalada Cardiff. Waxaan u soo wareegay London sanadkii 1995kii oon ka bilaabay shaqadan aan imika hayo ee aan cuntada ka kariyo Xaruntan Xanaaneynta Wayeelka.

Adan Samater Yusuf
Aadan Samatar Yuusuf

I was born in Hargeisa in 1930. I went to Djibouti in 1946, where I worked in the port as a crane driver for five years. I went to the Gulf of Arabia, to the city of Jeddah and worked as a taxi driver and later as a cook. I came here to the UK in 1955. I came to Cardiff, where my brother's friend, Mr Mohamed Karshe, was living and I had his address. After a few days, I left Cardiff and moved to Sheffield, as there were no jobs in Cardiff. I worked in the steel industry for twenty years. I worked in various cities in the north of England such as Derby, South Shields, and Doncaster. I finally came to Cardiff in 1978 and went to sea. I worked in the Merchant Navy as a cook and also in the engine room. I got married in 1950 to Fadumo Abdi. She died in 1963 in Somalia. I got married again in 1970 to Khadija Deria. I married her because she was the widow of my brother and, in Somali tradition, the brother of the deceased should marry his wife. I also married again in 1999 in Hargeisa. I have no children of my own. I go back to Somaliland and see my family. I left the sea in 1990.

Waxaan ku dhashay magaalada Hargeysa sanadkii 1930. Waxaan tegay Jabuuti sanadkii 1946, waxaanan ka shaqeeyey dekeda anigoo wadi jiray wiishka, waxaan halkaa ka shaqeeynayey muddo 5 sanadood ah. Waxaan u dhoofay Gacanka Carabta, magaalada Jiddah oon ka noqday tagsiile iyo markii danbe oon ahaa dabaakh. Waxaan halkan imid sanadkii 1955. Waxaan imid magaaladan Cardiff oo uu joogay nin ay walaalkay saxiib ahaayeen oo la odhan jiray Maxamed Kaarshe oon cinwaankiisa haystey. Maalmo ka dib, waxaan ka dhoofay Cardiff oon tegay Sheffield, iyadoo Cardiff shaqooyinku ku yaraayeen owgeed. Waxaan ka shaqeeyey wershadaha Birta shuba mudo 20 sanadood ah. Waxaan ka shaqeeyey magaalooyin kala duwan oo ku yaalay woqooyiga Ingiriiska, sida; Daarbi, Soowt Shiilis, iyo Doonkaastar. Ugu danbayntii waxaan u soo guuray Cardiff sanadkii 1978 oon bada galey. Waxaan ka sheqeeyey Maraakiibta Xamuulka oon ka ahaa dabaakh, makhsinka injiinka ee hoosana waan ka sheqeeyey. Waxaan guursadey Faadumo Cabdi sanadkii 1950kii, oo ku geeriyootay Soomaaliya 1963. Waxaan guursaday Khadiija Diiriye oo aan dumaalay ka dib markuu walaalkay ka dhintay. Waxaan hadana guursaday sanadkii 1999 oon ku guursaday magaalada Hargaysa. Had iyo goor waxaan u dhofaa wadankii si aan raykayga u soo arko.

Ahmed Mohamed Adan ("Safadress")
Axmed Maxamed Aadan ("Safa Direeys")

I was born in Hargeisa, Laba Nuuh, in 1927. I went to Aden and then, in 1949, I was a stowaway on a ship going to France. We landed at Marseiles. I was with my friend Ali Abdi Qasbaaye, who is dead now. We were arrested and were in custody in Paris for a month as we had entered the country illegally. After our release we came to Britain. I lived in Cardiff and also Barry. I started working at Barry Dock. (They nicknamed me "Barry Dock"). I also worked as a labourer at a building site and in the coalmines. My job at Barry Dock involved cleaning the ships, the deck and the engine room. I worked at Cardiff Junction Dry Dock for five years. I got married to Joyce Attard, who is from Barry, and I have five children: four girls and a boy. I have sixteen grandchildren and two great grandchildren. The old Tiger Bay was nice and the people were friendly, unlike these days. The rent was cheap. We used to spend £7 for the whole week for a family with five children. The cost of living now is very high and young people these days cannot even buy their homes.

Waxaan ku dhashay magaalada Hargeysa, xaafada Laba Nuux sanadkii 1927kii. Waxaan u dhoofay Cadan sanadkii 1949kii oon ku dhuuntay markab Faransiiska tegaya. Waxaanu ka degnay Maarseel, waxaan la socday saaxiibkay Ali Abdi Qasbaaye oo imika mootan. Waa nala xidhay oonu xabsi ku jirnay muddo bil ah anagoo wadanka bilaa sharci ku soo galney. Markii nala sii daayey waxaan u soo dhoofay dhinacan Biritan. Waxaan ku noolaa magaalooyinka Cardiff iyo Barry. Waxaan ka shaqeeyey dekeda Barry. (Waxa la ii bixiyey Barry Dock). Waxaan kaloo ku shaqeeyey kuuli, meelaha aqalada laga dhiso. Waxaan ku shaqeeyey dhuxul qode. Waxaan qaban jiray markaan dekeda Barry ka shaqeyn jiray, maraakibta oon maydho gudo iyo debedba. Waxaan kaloo ka shaqeeyey dekeda Cardiff muddo 5 sanadood ah. Waxaan guursaday Joyce Attard, oo reer Barry ah. Waxaan dhalay 5 caruura, 4 hablood iyo wiil. Waxan awoow u ahay 16 caruur ah iyo 2 ay dhaleen kuwaan awooga u ahay. Tiger Baydii hore waxay ahayd mid wacan oo dadku wada asxaab ahaa, may ahayn sida

imika. Kiradu way jabneyd. Waxaanu bixin jirnay £7 todobaadka oo dhan aniga iyo 5 caruura iyo xaaska. Kharashka guryuhu wuu sii kordhay, dadka yar yarina imika ma goyn karaan inay guryo iibsadaan.

Ahmed Yonis Awaleh
Axmed Yoonis Cawaale

I was born in the countryside to the north west of Hargeisa in 1920. I came to this country and this city of Cardiff in 1956. I came here as I'd seen a lot of men that I knew leave for Cardiff. Some of my relatives went to Cardiff to be seamen and I wanted to join them. I have a wife, who is living in Somaliland with my children. I tried to bring them here, but it did not happen as the Home Office refused to grant a visa for three of my sons, as they said they were adults. As one of my sons was ill, it was very difficult to bring some of them and leave behind others. Also, my wife was caring for my ill son and could not leave him. I go back to Somaliland every year to see how they are. I used to work in the Ministry of Food, a steel factory called J. Williams, and the Grand Hotel in Bristol, where I was employed as a fireman to heat the hotel as, in those days, they used coal. I had problems with my eyes and had my first operation on my right eye in 1958. In the same year, I went back to Somaliland and decided to leave this country, but I decided after two years to come back to look for a job. For this reason I boarded a ship at Djibouti and landed in Marseiles. I went to Calais, where I boarded another ship to Dover. We celebrated our independence day on the 26th June 1960 and had a huge party in Sheffield, where a lot of Somalis got together. I joined my first ship as a merchant seaman in 1970. I left my last ship in 1983. I was an Ordinary Seaman.

Waxaan imid magaaladan iyo wadankan sanadkii 1956. Waxaan uga imid Soomaaliya si aan badmaax u noqdo, waxaan arki jiray dad aanu is naqaano iyo qaar aanu qaraabo nahay oo naga soo dhoofay, markaas ayaan ku dayday. Xaas ayaan leeyahay oo joogta Somaliland iyada iyo caruurtaydiiba. Waxaan isku dayey inaan keeno halkan laakiin iima suura gelin oo waxay iga reebeen saddex inan iguna yidhaahdeen way kaa waaweynaadeen. Markaa waxa iga xanuunsanayey inan sidaa darteed ayaan u diiday inaan caruurtayda badhna keeno badhna ka imaado iyadoo xaaskayguna ilaalin jirtay inankaygaa xanuunsanayey. Sanadkasta waan dhoofaa oon soo egaa waxay ku sugan yihiin. Waxaan ka sheqeeyey Wasaarada Cuntada iyo warshed Birta shiida oo la odhan jiray J Williams. Waxaan ka sheqeeyey Hudheel Bristol ku yaalay oo la odhan jiray Grand Hotel. Waxaan shidi jiray Kulayliyaha hudheelka oo ku shaqeyn jiray dhuxul berigaa. Cudur ayaa indhaha igaga dhacay oo la iga jeexay. Waxa indhaha markii ugu horaysay la iga jeexay ta midig 1958. Wadankii ayaan ku noqday 1958kii oon joogay 2 sanadood, markaa waxaan doonayey inaan ka googoosto wadankan. 1960kii ayaan haddana goostey inaan ku soo laabto waddankan anigoo shaqo doona. Waxaan ka soo raacay Djibouti markab ilaa Maarseel, hadana Calai ayaan ka soo raacay markab kale ilaa iyo Dover. Maalintii xoriyada 26 June 1960kii waxaanu xaflad weyn oo meel kasta la iskaga yimid ku qabaney magaalada Sheffield. Markabkii iigu horeeyey waxaan koray 1970kii . Markabkii iigu danbeeyeyna waxaan ka degay 1983kii. Waxaan ahaa badmaax caadi ah.

Ahmed Yusuf Hersi
Axmed Yuusuf Xirsi

I was born in Hargeisa in 1938. I came to the UK in 1961. I worked in the steel industry in Cardiff in companies such as John Williams, in Curran Road, making military equipment. I became a seaman in 1966 and left my last ship in 1990. I am married and have children and they are all here with me.

Waxaan ku dhashay magaalada Hargaysa sanadkii 1938. Waxaan halkan imid sanadkii 1961. Waxaan ka soo sheqeeyey wershedaha Birta shube ee magaalda Cardiff ku yaalay sida John Williams oo ku taalay wadada Curren, samayna jirtay qalabka milateriga. Waxaan badmareen noqday sanadkii 1961, waxaanan markabkii ugu danbeeyey ka degay sanadkii 1990. Waxaan halkan ii jooga xaas iyo caruur.

Ali Elmi Shirreh
Cali Cilmi Shire

I was born in Arabsiyo, Somaliland, in 1937. I came here in 1956. I boarded a ship from Djibouti and disembarked at Marseiles from a ship called the "Musa Cherry". From France I took the ferry to Dover and caught the train from there to London. I first worked in a factory in Cardiff as a welder and then moved to Liverpool to work in a glass factory. I also worked in a factory in St Helens and in the Liverpool shipyards as a welder. This was where they used to build the Royal Navy's submarines. I became a seaman in 1972. I have a wife and children in Somaliland. I moved to London in 1982 from Cardiff. I am sixty-seven

years old and the council want me to pay the full rent and council tax, but I cannot afford it. I went to the Falklands war on a Royal Navy ship called "Atlantic Conveyer", which sank.

Waxaan ku shashay magaalada Arabsiyo ee Somaliland sanadkii 1937. Waxaan halkan imid sanadkii 1956kii. Waxaan ka soo raacay markab Jabuuti ilaa faransiiska magaalada Maarseey, markab la odhan jiray "Musa Cherry". Waxaan dooni ka soo raacay halkaa ilaa aan imid magaalada Dover ee Ingiriiska, kana soo raacay tareen ilaa London. Waxaan markii ugu horaysey ka bilaabey shaqo Wershed ku taaley Cardiff oon ka ahaa laxaamadleh, ka dibna waxaan u guuray magaalada Liverpool oon iyana ka shaqeeyey wershed samaysa quraaradaha. Waxaan kaloo ka sheqeeyey wershed kale oo ku taaley magaalada St Helens. Waxaan ka shaqeeyey xerada lagu sameeyo maraakiibta ee Liverpool oon ka shaqeeyey halkii lagu sameynayey Markab uu ciidanka Baddu lahaa oo Gujisa. Waxaan badda galey 1972kii. Waxa ii jooga gabadh iyo caruur Somaliland. Waxaan London u soo guuray sanadkii 1982kii oon ka soo dhoofay magaalada Cardiff. Waxaan ahay 67 jir, dowlada hoose ee xafadayduna waxay igu leedahay bixi kiro iyo cashuurta dowlada hoose oo dhan, ana ma awoodi karo. Waxaan ka qeyb galey dagaalkii Falklandka oo uu Markabkii aan la socey degay lana odhan jiray "Atlantic Conveyer".

Ali Hersi Mohamed
Cali Hirsi Maxamed

I was born in 1937 in Buroa, Somaliland. I came to this country in 1957. I arrived at the port of Southampton. Then I went to Cardiff and became a merchant seaman in 1958. I worked on the deck. In 1962 I moved to London. I brought my family to Britain in 1989 because of the civil war. I left my last ship in 1989.

Waxaan ku dhashay 1937kii magaalada Burco ee Somaliland. Waxaan soo galey wadankan 1957kii. Waxaan ka soo degay dekeda Magaalada Southamton. Waxaan dabadeed tegay magaalada Cardiff oon noqdeyna badmareen sanadkii 1958kii. Waxaan ka shaqeeyey markabka xagiisa sare. Waxaan London u soo guuray sanadkii 1962kii. Waxaan xaaskeyga keenay sanadkii 1989kii dagaalka dartii. Waxa iigu danbeeysay shaqada badda sanadkii 1989kii.

Ali Mohamed Ahmed
Cali Maxamed Axmed

Ali is about eighty years old. He was born in Erigavo. He is married. Ali came in this country around 1950. Ali was a merchant seaman. A few weeks after we took his photograph, Ali went into comma and is in the Intensive Care Unit, the University Hospital, Cardiff. We hope that Ali will recover from his illness and wish him well.

Cali waa ilaa sideentan jir. Wuxuuna ku dhashay magaalada Ceerigaabo. Xaas buu leeyahay. Cali wuxuu yimid wadankan ku dhowaadkii 1950kii. Wuxuuna noqday badmareen. Dhowr todobaad ka dib markaanu sawirada ka qaadnay Cali ayuu kooma galay, wuxuuna imika ku sugan yahay Cusbataalka Heath ee Jaamacada Cardiff, isagoo lagu hayo rugta kaalmada dheeraadka ah ee Cusbataalkaa. Waxaanu u rajaynaynaa Cali inuu Ilaahay caafimaadkiisii u soo celiyo.

Elmi Jama Handulleh ("Sultan")
Cilmi Jaamac Xandule

Mr Jama was born in 1936 in Hargeisa. He came to the UK in 1959. He was a Merchant Seaman for more than twenty years. Mr Jama died in Hargeisa in 2002 while on holiday there. He left a wife and children here.

Cilmi Jamac Xandule wuxuu ku dhashay magaalada Hargeysa sanadkii 1936. Wuxuu halkan yimid sanadkii 1959. Wuxuu ahaa badmareen in ka badan 20 sanadood. Wuxuu Cilmi ku geeriyooday Ala ha u naxariistee magaalada Hargeysa sanadkii 2002 isagoo u tegay dalxiis. Cilmi wuxuu ka tegay xaas iyo caruur ku sugan magaaladan Cardiff.

Esa Mohamed Omar
Ciise Maxamed Cumar

I was born in Elayu, near the city of Bosaaso. I was born in 1919. I came here in 1948 and joined the Merchant Navy in the same year. I have lived in Cardiff all my life. (Mr Omar is now in a nursing home and his memory is bad, so he could not tell us when he finished working).

Waxaan ku dhashay Elaayo, oo u dhow magaalada Bosaaso. Waxaan dhashay sanadkii 1919. Waxaan halkan imid 1948 oon badmareen noqday. Waxaan weligay ku noolaa magaalada Cardiff (Ciise waxa imika lagu xanaaneeyaa meelaha dadka waaweyn lagu hayo, xasuustiisuna ma fiicna, noomuu sheegi karayn goortii shaqo ugu danbeeysay).

Hasan Haji Yusuf
Xasan Xaaji Yuusuf

Hassan was born in Hargeisa, in 1937. He was in the Merchant Navy for 40 years. He is married and brought his family to the UK after the civil war. Hassan is currently in Somaliland and we could not interview him. The Somali seamen have two homes and spend a lot of their time travelling between these two countries.

Xasan wuxuu ku dhashay magaalada Hargeysa sanadkii 1937. Wuxuu ahaa badmareen ilaa 40 sanadood. Xaas buu leeyahay, uu wadankan keenay dagaalkii sokeeye ka dib. Xasan imika wuxuu ku sugan yahay Soomaaliland, sidaa awgeed ayeyna noogu suurta gelin inaanu wareysano. Badmareenada Soomaalidu waxay leeyihiin laba wadan, kuwaas ooy kolba mid tagaan.

Hassan Ahmed Essa ("Faras")
Xasan Axmed Ciise ("Faras")

I was born in a city called Laas Qoray (Las Koray) in 1925. I left Las Koray in 1957 and boarded a boat to Aden, Yemen. I worked as a driver in the port of Aden, bringing passengers from the port to the town and taking them back to their ships. I came to this country in 1959 and worked in the steel industry in Scunthorpe. I came to Cardiff in 1970 to be a merchant seaman. I joined my first ship, which was an oil tanker, in 1974. I left my last ship in 1979. After that it was very difficult to find a job and I had no luck. I have a wife in Somaliland and eight children. I wanted to bring them here but my application has been refused, as my solicitor told me my papers were lost, and when I applied again in 1993, I was told that family re-union applications for Somalis has been stopped.

Waxaan ku dhashay magaalada Laas Qoray sanadki 1925. Waxaan ka dhoofay Laas Qoray oon doon ka raacay 1957 tegayna magaalada Cadan ee wadanka Yaman halkaa oon ka sheqeeyey anigoo wadi jiray baabuur dekeda dadka ka qaadi jirtay oo magaalada geyn jirtay. Waxaan wadankan imid 1959 oon ka sheqeeyey magaalo la yidhaa Scunthorpe wershadaha biraha shuba. Waxaan halkan imid 1970 si aan u noqdo badmaax. Waxaan raacay markabkii iigu horeeyey 1974. Markabkii iigu horeeyey wuxuu qaadi jiray saliida. Markabkii iigu danbeeyey waxaan ka degay 1979. Intii ka danbaysana maan shaqeeyn anigoo waayey shaqo. Waxaan wadankii ku leeyahay xaas iyo caruur. Waxaan leeyahay 8 caruura. In aan keeno reerkayga waa la ii diiday. Looyarkii ii dalbadey ayaa waraaqihii iga tuuray, markii aan dib u dalbadey 1993 waxa la igu yidhi keenidii xaasaska waa la joojiyey.

Hussein Saeed Ali
Xuseen Cali

I was born in 1945 in Berbera, Somaliland. I was a carpenter. After the civil war, my father sent me a visa and I came to Britain with my wife and children. Her name is Fadumo Yusuf. We were in a refugee camp called Dula'd for three years before we came to the UK in 1992. My father (Said Shuqule) sent me tickets to join the rest of the family in Newport. I was a half-brother to my brothers and sisters in the UK. My mother died just after I was born, soon after the Second World War.

Waxaan dhashay sanadkii 1945kii, magaalada Berbera ee Somaliland. Waxaan ahaa nijaar. Ka dib dagaalkii ayuu aabahay ii soo diray Fiise aniga iyo xaaskayga iyo caruurtayda. Magaceedu waa Fadumo Yusuf. Waxaanu ku jirnay xerada qoxootiga ee Dulcad 3 sanadood intaanan iman wadankan sanadkii 1992. Aabahay ayaa noo soo diray tigidho si aan ugu nimaadno reerkaayaga intiisa kale oo deganaa Newport. Kala hooya ayaanu ahayn walaalaheyga joogay Boqortooyadda Midoowdey. Hoyaday waxay dhimatey markaan dhashay, dagaalkii labaad ee dunida ka dib.

Hassan Ali Dualleh
Xasan Cali Ducaale

I was born in 1926 in Hargeisa. I was a businessman back home and had my own shops. During the war I lost everything and came here in 1997 to join members of my family.

Waxaan ku dhashay magaalada Hargeysa sanadkii 1926. Waxaan ahaa ganacsade lahaana dukaamo. Dagaalkii awgii ayey dukaamadaydii baabe'een. Waxaan halkan imid sanadkii 1997 kuna soo biiray reerakaygii.

Hussein Ismael Abdi
Xuseen Ismaaciil Cabdi

I was born in Hargeisa in 1940. I came in this country in 1959 to join my uncle, who used to own a coffee shop and a casino in Sheffield. I used to help him and also attend college part-time to study book keeping and accounting. My uncle's name is Abdillahi Abdi and they used to call him "I Tea", as when he was new to the country, he went to a coffee shop with his two friends and they ordered two cups of coffee and he said "I tea". I joined my uncle when I finished my formal education in Somaliland; I wanted to study further. I was in Sheikh High School, where the elite society of Somaliland used to go. Two of the previous Somaliland presidents graduated from it. I finished my schooling in 1958 and worked in a spare parts shop for cars, which was owned by a British company. I was the day cashier for five months.

Hassan Awad Mohamoud
Xasan Cawad Maxamed

I was born in Buroa, Somaliland in 1919. I came here in 1952. I used to look after camels when I was in Somaliland. I worked in the steel industry in Chesterfield for thirteen years. I also worked for British Rail as a railway worker. I became a Merchant Seaman in 1970 and I retired in 1984. I got married in 1973 to Asli Ali in Buroa, Somaliland.

Waxaan ku dhashay magaalada Burco ee Somaliland sanadkii 1919. Waxaan halkan imid sanadkii 1952. Geela ayaan raaci jiray markaan Somaliland joogay. Waxaan ka soo sheqeeyey wershedaha Birta Shuba ee Chesterfield muddo 13 sanadood ah. Waxaan ka sheqeeyey wadooyinka tareenada anigoo ahaa kuwa biraha dhiga. Waxaan badmareen noqday sanadkii 1970 ilaa aan ka fadhiisanayey shaqada sanadkii 1984. Waxaan guursaday Asli Ali oon kula aqal galay magaalada Burco ee Somaliland.

After I left my uncle, I worked in Blackburn, in a factory and also as a crane driver in Birmingham and Derby. I also worked as a fitter's mate. I worked with a construction company, which used to lay underground cables and also overhead electric cabling. I was charged with filling in the forms and doing most of the paper work. In 1969 I joined the Merchant Navy; my cousins advised me to go to sea. I got married in 1973 in Hargeisa to Amina Abdillahi Yasin. I have twelve children. My eldest son graduated from Cambridge and has a Masters degree in physics and my other son graduated from Imperial College, London University, where he studied to become an oil engineer. My daughter is graduating from Cardiff University. I also have another son now studying chemical engineering at London University. I left my last ship in 1988 and have not worked since then.

Waxaan ku dhashay magaalada Hargeysa sanadkii 1940. Waxaan imid wadankan sanadkii 1959 si aan ugu imaado adeerkay oo ku haystay makhaayad magaalada Sheffield. Waan caawin jiray, kuliyadana wakhtiyada kale ayaan tegi jiray si aan u barto xisaabaha. Adeerkay waxa la odhan jiray Cabdilaahi Cabdi, wuxuuna ku caan ahaa (Ay Tee), waxaana loogu bixiyey markuu ku cusbaa wadanka ayaa laba saxiib iyo isagu is raaceen waxayna dalbadeen labadii kale bun isaguna wuxuu yidhi (I tea), sidaas ayuu magaca kula baxay. Waxaan adeerkay u imid markaan tacliintii dhamaystey dhinaca Somaliland, waxaanan rabay inaan sii korodhsado. Waxaan wax ku soo bartey Dugsiga Sheekh halkaa oo laba madaxweynayaashii hore ee Somaliland kamidi ka soo bexeen iyo dhamaan mutacalimiintii kolkaa ee reer Somaliland. Waxaan dhameystay tacliintaydii sanadkii 1958, kana shaqeeyey dukaan biraha baabuurta iibin jiray oo ay lahayd shirkad Biritishi, kana sheqeeyey 5 bilood.

Adeerkay ayaan ka guuray una shaqo tegay magaalada Blackburn oon ka shaqeeyey wershed, waxaan ka noqdeyna darawal wiish, magaalooyinka Birmingham iyo Derby. Waxaan noqday weliba caawiye makaanik. Waxaan kaloo u shaqeeyey shirkad dhismaha ah oo dhigi jirtay waayirada dhulka hoostiisa iyo dushaba oon buuxin jiray waraaqaha waxna u qori jiray. Waxaan bada galey sanadkii 1969 oo ilmadeeradeey igula taliyeen. Waxaan ahaa darawal wiish ka dibna noqday badmareen. Waxaan guursaday sanadkii 1973 oon ku aqal galay Hargeysa. Gabadheyda waxa la yidhaa Aamina Cabdilaahi Yaasiin. Caruurtaydu waa 12. Inankayga curadi wuxuu ka soo baxay jaamacada Cambridge, wuxuuna haystaa shahaadada Maastarka, dhigtayna Fisigiska. Inankayga kalena wuxuu ka soo baxay Jaamacada Imperial, waana Injineerka Saliida. Inantaydu waxay dhigataa Jaamacada Cardiff ka qalinjabinaysaana sanadkan. Inan kale ayaa jira oo imika ku jira jaamacada London oo dhigta Injineernimada Kimikalka. Markabkii iigu danbeeyey waxaan ka degay sanadkii 1988, shaqo kelena ma qaban.

Ibrahim Ahmed Hassan / Ibrahim Haji Findhe ("Baarjeeh")
Ibraahim Axmed Xasan/Ibraahim Haji Fidhe ("Baarjeex")

I was born in Durduri, in the countryside by Laas Quray, in 1945. I am married and my family are here. My wife's name is Amina Farah Mohamed. I have seven children and they are all here, some with their children. My father was involved in the two world wars as a merchant seaman. My father brought me here to the UK. I boarded a ship at Laas Quray to Marseilles at the end of 1958. I was seventeen years old when I first arrived in London. I took the train to South Shields, where my father was. I lived with my father for eight months in a boarding house. When my father went to sea in 1959, I came here to Cardiff and started work on a building site on Curran Road, where they were building a factory. I also worked as a labourer when they were building the Western Mail buildings near Westgate Street. Later I worked at Askimo power station as a mix driver and general labourer, at John Williams steel works and at Curran works. In 1960 I became a Merchant Seaman. I worked on the deck as an Ordinary Seaman, AB, and Boatswain. I left the sea in 1983 and went back to Somalia and stayed there for two years. I came back to Cardiff in 1985 and worked as a security officer for two years and then went back to sea in 1987 until I retired in 1995.

Waxaan ku dhashey sanadkii 1945 tuulada Durduri oo u dhow magaalada Laas Qoray. Waxaan leeyahay xaas halkan jooga oo la yidhaa Amina Faarax Maxamed. Waxaan dhalay 7 caruura oo halkan ila wada joogta, qaarna caruur bayba ku leeyihiin wadankan. Aabahay wuxuu ka qeyb galey labadii dagaal ee Aduunka isagoo Badmaax ahaa. Aabahay ayaa halkan i keenay. Waxaan ka soo raacay Markab Laas qoray ilaa iyo Maarseel dhamaadkii 1958. Waxaan ahaa 17 jir markaan halkan imid magaalada London. Waxaan u raacay Tareen magaalada South Sheilds oo Aabahay joogay. Waxaan halkaa Aabahay kula noolaa mudo 8 bilood ah aqal soolane ah, markuu Aabahay badda tegay ayaan halkan imid 1959 oon ka sheqeeyey wershed laga dhisayey Wadada Curran Road. Waxaan kaloo ka sheqeeyey markii la dhisayey daarta Western Meelka ee ku taala Dariiqa West Gate. Waxaan kaloo sheqeeyey Shirkada Leydhka ee Askimo anigoo u ahaa darawal iyo kuuliba. Waxaan ka sheqeeyey Wershada John Williams iyo Xerooyinka Curran. Sanadkii 1960ki waxaan noqdey badmaax. Waxaan ka sheqeeyey markabka xaga sare oon ka bilaabay Badmaax caadi ah ilaa intaan ka noqday horjooge. Waxaan badda ka baxay 1983 oon ku laabtey Somalia oon joogay 2 sanadood. Waxaan ku soo laabtey Cardiff 1985 oon noqdey Ilaaliye muddo laba sanadood ah. Waxaan dib ugu laabtey Bada 1987kii ilaa markaan ka fadhiistey bada 1995.

Ibrahim Hussein Abby
Ibraahim Xuseen Caabi

I was born in Hargeisa in 1934. I attended Quranic School in Hargeisa and when I finished, I started at Rhys Primary School (named after the Welsh Governor who opened it). When I had finished, my father send me to Aden, Yemen, as the teachers at Sheekh High School refused to let me start at the school, as I was too tall, so they said. In 1955 I left Somaliland and started at a private school in Aden, which was owned by an Indian man. My education was in English. When I was there, I heard that there were jobs going at the British Petroleum Company in Edan and I left my schooling and started working there. In the same year, I left to go to the Gulf state of Qatar, where I worked with a contractor for a company owned by a man called Al Darwish, who used to have contracts with BP, and after a few months, I worked for BP as a clerk. As Somaliland was preparing for independence, I was afraid that I would have to do military service if I went back and I finally took an aeroplane and landed at Heathrow Airport, London, on the 16th June 1960. I left London and went to Birmingham, where there were some friends that I knew. On 26th June 1960, Independence Day, there was a huge party in Sheffield to celebrate and I went there. I ended up staying for a month and started a job as a packer with the Bachelors Peas Company. I then went back to Birmingham, where I worked with GEC (the General Electric Company) for 5 years. I also worked in an ICI Factory as a shearer (steel cutter) for a year. I came to Cardiff in 1966 and started a job at the Powell Radiators factory on Penarth Road. I left there in 1970, as I injured my finger. After few months I started another job with Multi Heath Plant, a National Coal Board Company, as a packer. I became a Merchant Seaman in 1974 and boarded my first ship on the 16th May 1974, it was called "Cape Nelson". My last trip as a seaman was in 1988. I got married in 1975 in Cardiff to Halima, whose father was from the Yemen and her mother Welsh. She passed away in 2000. I have two daughter, Alma and Amina.

Waxaan ku dhashey Hargaysa 1934. Waxaan Galey oon dhameeyey malcaamad Quraan, kolkaas oon bilaabey Iskuulka Riis ee Hargaysa. Markaan dhameeyey Aabahay ayaa ii diray Cadan si aan wax uga soo barto iyadoo la ii diiday inaan Sheekh galo oo la igu yidhi waad dheertahay. Waxaan ka soo dhoofay Somaliland 1955 oon bilaabey iskuul gaara oo uu lahaa nin Hindi ihi. Waxbarashadaydu waxay ahayd Ingiriisi. Anigoo in yar wax dhiganayey ayaan maqlay in ay shaqooyin ka soo bexeen Shirkada Baatroolka ee Biritishka, halkaa oon waxbarashadeydii kaga tegey oon shaqo ka bilaabey. Markaa

mudo yar sheqeeynayey ayaan u kicitimay Wadanka Qadar oon shaqo ka helay aan la sheqeeyey nin qandaraasle ah oo la sheqeeyn jiray Shirkada Baatrtoolka ee Biritishka. Ka dibna waxa I qaadatey BP oon u ahaa karaani. Iyadoo ay Soomaaliland isku diyaarinaysay xoriyada ayaan ka baqday haddii aan ku noqdo in Militariga la i qoro, sidaa darteed ayaan uga soo duulay Cadan oon imid magaalada London. Wax badan maan joogin, markiiba waxaan uga gudbay magaalada Birmingham oo ay joogeen qolooyin aan aqaaney. 26kii June 1960 ayaa waxa lagu qabtey magaalada Sheffiield xaflad aad u balaadhan oo loogu dabaal degayey xoriyada Somaliland. Waxaan halkaa joogey mudo bil ah oon ka sheqeeyey wershed sameysa cuntada qasacadeysan oo la odhan jiray Bachelors. Ka dibna waxaan ku laabtey magaalada Birmingham oon ka sheqeeyey shirkad la odhan jirey (G.E.C) oo ahayd shirkada leedhka muddo 5 sanadood ah. Ka dibna waxaan u sheqeeyey shirkada G.E.C oo aan goyn goyn jiray biraha, waxaanan ka sheqeeyey muddo sanad ah. Waxaan imid magaaladan Cardiff 1966, halkaa oon ka bilaabey shaqo wershed la odhan jiray Powel oo sameyn jirtey taangiyada biyaha ee baabuurta oo ku taaley dariiqa Penarth. Waxaan ka tegey 1970 markii aan far kaga dhaawacmey.

Muddo yar ka dibna waxaan bilaabey shaqo kale oo aheyd Multi Heath Palant, oon dhuxusha yaryar ee la shito goyngoyn jiray. Waxaan Badmaax noqdey 1974 oon markabkii iigu horeeyey raacay 16kii May 1974 kaas oo la odhan jiray Cape Nelson, kii iigu danbeeyeyna waxaan ka degay 1988. Waxaan lahaa xaas oo iga dhimatey. Waxaan guursadey 1975 kuna aqal galey magaalada Cardiff. Xaaskayga waxa la odhan jiray Halima oo geeriyootey sanadkii 2000, Aabaheed wuxuu ahaa Yamani Hooyadeedna Welish. Waxaan leeyahay laba gabdhood oo la kala yidhaa Alma iyo Amina.

Ismael Ali Gass
Ismaaciil Cali Gaas (Mahdi)

I was born in 1925, near Hargeisa. My father died when I was young and I started work at a very young age. I used to support my mum. I worked in the market, selling homemade cakes and other odd things. I bought a truck and used to deliver goods between Somaliland and Ethiopia. I left Somaliland in 1948, after I lost my car. I came to Cardiff and, after few months, as there were no jobs, I moved to Sheffield, where I worked in the steel industry. I left Sheffield and moved to Birmingham, where at first I was as a labourer and, after evening classes, I got a job in GEC (the General Electric Company) in Birmingham, where I worked for twenty years. I got married in Somaliland to my wife, Amran Akli Ahmed, in 1962 and brought my family to Birmingham in 1965. My wife was the second Somali wife who settled in this country. We moved to Newport and then to Cardiff. Most of my children were born here and have had a good education. My son is a Housing Area Manager in the Welsh Valleys.

Waxaan ku dhashay magaalada Hargeysa sanadkii 1925kii. Aabahay oo dhintay anigoo yar aswgeed ayaan bilaabay inaan shaqeysto anigoo aad u yaraa. Waxaan caawin jiray hooyaday. Waxaan ku iibin jiray suuqa quraaca iyo waxyaalaha kale. Waxaan iibsaday gaadhi aan u kala qaado alaabta Somliland iyo Itoobiya. Waxaan ka soo dhoofay Somaliland sanadkii 1948kii markaan gaadhigaygii aan waayey. Waxaan imid magaalada Cardiff, muddo dhowr bilood ah markaan ku shaqo laa ayaan u dhoofay magaalada Sheffield oon ka sheqeeyey warshad Birta Shubta. Waxaan halkaa uga guuray magaalada Birmingham oo aan ka shaqeeyn jiray kuuli nimo, habeenkiina waxaan dhigan jiray Ingiriisiga, ka dibna waxaan ka sheqeeyey Wershad Leydka mudo 20 sanadood ah. Waxaan guursadey gabadhayda oo la yidhaa Amran Akli Axmed sanadkii 1962kii. Waxaan raykaga keenay halkan sanadkii 1962kii. Gabadhaydu waxay ahayd gabadha 2aad ee degta wadankan. Waxaanu kadibna u guurnay magaalada Newport, kadibna magaalada Cardiff. Caruurtaydada inta badani halkan ayey ku dhasheen, tacliin wanaagsana way leeyihiin. Inankaygu waa Madaxda Guryaha ee buuralayda Welishka.

Ismail Adam Mirreh
Ismaaciil Aadam Mire

I was born in Buroa, Somaliland in 1950. I moved to Aden in 1964, where I attended St. Anthony's High School. After finishing high school, I returned to Somalia in 1968 and joined the training school for animal health in Mogadishu, where I gained a higher diploma in vetinary science. In 1977, I entered the Somali National University, Faculty of Animal Husbandry in Mogadishu and graduated with a BSc in Animal Husbandry.

From 1970 to 1980, I worked in the Ministry of Livestock in Somalia and had various roles such as Veterinary Officer in Kismayo, and Deputy Director of Animal Production. I also was regional co-ordinator of the campaign for the eradication of illiteracy in Somalia, mostly in rural areas. From 1985 to 1987, I worked in the British Embassy in Mogadishu, where my role involved dealing with processing pension benefits, visas, scholarships and general interpreting and translation.

I moved to the UK in 1989. From 1993 to 1994, I worked in

Tower Hamlet Education Department in London, in the career service, as an assistant teacher for Somali. From 1996 to 1998, I worked in the Somali Advice & Information Centre in Cardiff as a welfare rights officer. I am now a freelance Somali Expert for various law firms throughout the UK. I have a vast knowledge of and expertise in the Somali Clan System and Somali Tribes, since I spent a long time working all over Somalia.

Waxaan ku dhashay magaalada Burco sandkii 1950. Waxaan u guuray Cadan sanadkii 1964 oon galey dugsiga la odhan jiray ST. Anthony oo ahaa dugsi sare. Waxaan wadanka ku soo laabtay sanadkii 1968 markaan dhamaystey tacliintii dugsiga sare anigoo ku biiray dugsiga tababarka gargaarka caafimaadka xoolaha ee Muqdisho, halkaa oon ka qaatay dibloomka sare ee sayniska xoolaha. Sanadkii 1977 waxaan galey jaamacada Umada Soomaaliyeed ee Muqdisho, Kuliyada Xanaanada Xoolaha, halkaa oon ka qaatay Bajularka Sayniska ee Xanaanada Xoolaha.

Laga bilaabo sanadkii 1970 ilaa 1980 waxaan ka shaqeeynayey Wasaarada Xoolaha ee Soomaliya anigoo ka qabtey shaqooyin kala duwan sida; Dhakhtar Xoole ee Kismaayo iyo Agaasime ku xigeenka Waxsoosaarka Xoolaha.

Waxaan kaloo ahaa Iskuduwaha Ololaha Waxbarashada Reermiyiga.

Laga bilaabo sanadkii 1985 ilaa 1987 waxaan ka soo sheqeeyey Safaarada Biritishka ee Muqdisho, iyadoo shaqadaydu ahayd soo saarida gunada shaqo gabka, soo saarida fiisooyinka, soosaarida deeqda waxbarasho iyo turjumida afka iyo qoraalkaba.

Waxaan wadankan imid sanadkii 1989, dagaalkii ka dib. Laga bilaabo sanadkii 1993 ilaa 1994 waxaan ka soo sheqeeyey Hayada Waxbarashada ee xaafada Tower Hamlets London, qeybta shaqooyinka oon ahaa gargaare macalin ee Soomaalida. Laga bilaabo sanadkii 1996 ilaa 1998 waxaan ahay lataliya gunooyinka ee Xafiiska Talobixinta Soomaalida ee Cardiff. Imika waxaan ahay shaqeyste madaxbanaan oo khibrad u leh Soomaalida oon u shaqeeyo shirkado sharciyeed oo kala duwan gebi ahaan Boqortooyada Midoowday. Waxaan aqoon buuran u leeyahay qabiilooyinka Soomaaliyeed iyo siday u kala baxaan anigoo mudo badan ka soo sheqeeyey gobolada Soomaaliyeed oo dhan

Ismail Ibrahim Warsama
Ismaaciil Ibraahim Warsame
(Saxardiid)

I was born in 1934 in Hargeisa, Somaliland. I came here in 1960. I was a stowaway on a ship from Djibouti to Marseilles. The reason that I came here was to buy a car called an Opel, which was popular in Djibouti in those days. I worked in a factory in Doncaster. I also worked in Sheffield, on a building site and as a crane driver. I went to sea in 1972, when I moved to Cardiff. I got married to Amina Ali Meygaga in Hargeisa in 1971. My family joined me here in 1987, as living in Somaliland was beginning to get difficult.

Waxaan ku dhashay magaalada Hargeysa sanadkii 1934. Waxaan halkan imid sanadkii 1960. Waxaan ku soo dhuuntay markab ka imanayey Jabuuti oo imanayey magaalada Merseel. Waxaan u soo dhoofay si aan u iibsado gaadhi la odhan jiray Opal oo caan ku ahaa magaalada Jabuuti wakhtigaa. Waxaan ka shaqeeyey wershed ku taalay magaalada Donkastar. Waxaan kaloo ka shaqeeyey magaalada Sheffield oon ka noqday kuuli iyo wiish wade. Waxaan bada galay sanadkii 1972 oon usoo guuray Cardiff. Waxaan guursaday Aamina Cali Meygaag sanadkii 1971. Xaaskaygu waxay halkan iigu yimaadeen sanadkii 1987 markii wadanka xaaladiisu ka sii daraysay.

Jama Omar Hersi ("Yare")
Jaamac Cumar Hirsi
("Jaamac Yare")

I was born in Buroa, Somaliland in 1934. I came here in 1961. During that year I went to sea and worked in the Merchant Navy. I also spent sometime in Blackburn and worked in a factory. I got married in 1964. My family joined me in late eighties because the situation in Somaliland was getting worse. I left the sea in 1988.

Waxaan ku dhashay magaalada Burco sanadkii 1934. Waxaan halkan imid sanadkii 1961. Isla sanadkaa ayaan bada ku biiray anigoo ka sheqeeyey maraakiibta xamuulka. Waxaan kaloo ka sheqeeyey wershed ku taalay magaalada Blackburn. Waxaan guursaday sandkii 1964. Xaaskaygu wuxuu halkan iigu yimid dhamaadkii sideetanadii markii xaalada wadanku soo xumaanaysay.

Mahamud Jama Mohamed
Maxamuud Jaamac Maxamed

I was born in Berbera on the 15th October 1939. I left Somaliland in 1958 and arrived in Cardiff in the same year. I stayed in a Somali boarding house in Tiger Bay; it was at 29 Bute Street and was owned by a Somali man called Nuur Hassan. Then I moved to another Somali boarding house owned by another Somali man called Yusuf Shire. It was at number 7 Nelson Street. My first job here was as a coalminer in the Welsh valleys. I was in an accident where a mine collapsed on us and we were trapped under ground for 3 days. We were 12 men and finally we were rescued. I was a miner for a year. I joined my first ship at Portsmouth in 1960. It was called the "Travellion". I was a Merchant Seaman and I left my last ship in 1992. I was an AB and a Boatswain. I have a wife in here and her name is Sahra Adan. She was born in Buuhoodle. I got married in Somaliland in 1975 and my family joined me here in Cardiff on 15th May 1994, after I applied through the Home Office to bring my family over via a family re-union application. They were in Ethiopia after the war in Somalia. I went to Addis Abba in Ethiopia to get them.

Waxaan ku dhashay magaalada BerBera bishii Oktoobar 15keedii 1939. Waxaan ka soo dhoofay Somaliland sanadkii 1958 oon imid magaaladan Cardiff isla sanadkiiba. Waxaan deganaa guri soolane oo uu lahaa nin Soomaaliyeed oo la odhan jiray Nuur, kuna yaalay Xaafada la odhan jiray Tiger Bay, aqalka 29 ee Wadada Bute Street. Ka dib waxaan galay aqal Soolane oo kale oo uu lahaa nin la odhan jiray Yusuf Shire, oo ku yaalay wadada Nelson Street, guriga 7aad. Shaqaddii halkan iigu horaysay waxay ahayd Dhuxul Qode miyiga Welishka ee duleedka magaalada Cardiff. Waxa nagu dhacay shil uu godkii aanu dhuxusha ka qodayney nagu soo dumay oo aanu ku xanibnayn saddex cisho. , waxaanu ahayn 12 nin markii danbana waa nalaga soo saaray. Waxaan markabkii iigu horayey ka raacay magaalda Portsmouth ee dalka Ingiriiska sanadkii 1960, markabkaas oo la odhan jiray Travellion. Waxaan raaci jiray maraakiibta xamuulka ee Ingiriiska anoo ka gaadhay derejeda AB (badmaax dhan) iyo Boison (Hor jooge). Waxaan leeyahay xaas, magaceedana waxa la yidhaa Sahra Aadan oo ku dhalatay magaalada Buuhoodle. Waxaan guursadey sanadkii 1975 kuna aqal galay Somaliland. Reerkaygu waxay halkan yimaadeen sanadkii 1994kii 15 May, anigoo Home Office ka dalbadey inay ii keenaan raykayga. Waxay joogeen wadanka Itoobiya dagaalkii ka dib. Waxaan u dhoofay magaalada Adis Ababa si aan u keeno.

Mohamed Abdi Ahmed
Maxamed Cabdi Axmed

I was born in 1929 in Hargeisa. I was educated in Hargeisa and Sheikh, and after I finished my middle school, I trained as a nurse. All my tutors were British and my training followed the British system. I worked as a nurse from 1973. After a few years, I started to work on a self-employed basis and opened a pharmacy in Hargeisa in 1975. I had my business until the civil war in 1988. After the war started, I went to Mogadishu and applied for a visa to join my daughter in Cardiff who was living with her husband. All my family came here in 1990. I lost my business and house during the civil war. I have thirteen children. My older children have graduated from university and are working in the UK.

Waxaan ku dhashey magaalada Hargeysa sanadkii 1929kii. Waxaan wax ku bartey Hargeysa iyo Sheekh. Markaan dhameystey dugsigii dhexe waxaan bilaabey tababar Neeras. Macalimiintaydu waxay ahayeen Biritish, waxaanan wax ku bartey waxbarashad Biritishka. Waxaan ahaa neeras ilaa sanadkii 1973gii. Sanado yar ka dib waxaan furtey farmasii ku yaaley magaalada Hargeysa sanadkii 1975kii. Waxaan lahaa Farmasigaa ilaa uu dagaalkii dhacey 1988kii. Markuu dagaalku bilaamey waxaan u soo qaxney Mugdishso halkaa oon Fiisa ka dalbaney si aanu ugu nimaadno Inanteyda oo Cardiff deganeyd. Waxaanu dhamaantaayo soo galney wadankan 1990kii. Farmasiigaygii iyo Gurigaygiiba waxaan ku waayey dagaaladii. Caruurtaydu waa 13. Caruurtayda waaweyni waxay ka bexeen Jaamacado weyna sheqeeystaan.

Mohamed Adan Abdi
Maxamed Aadan Abdi

I was born in a town called Koryaale, near the city of Beer, in 1934. I came to this country in 1960. I went by ship to Marseilles and then to Dover. I came to Cardiff and, in the same year, I joined the Merchant Navy. I left my last ship in 1985. I moved to London about three years ago. During the war my family escaped to Camp Abokor, a refugee camp in Ethiopia. I brought them to the UK in 1994 with the help of the Somali Advice and Information Centre and my local MP, Alun Michael.

Waxaan ku dhashay tuulo la yidhaa Qoryaale oo u dhow Beer, sanadkii 1934kii. Waxaan imid wadankan sanadkii 1960kii

anigoo soo raacay markab ilaa iyo Maarseel, halkaa oon ka soo raacay dooni ilaa iyo Dover. Waxaan imid magaalada Cardiff. Markiibana badmareen baan noqday. Waxaan ka degay markabkii iigu danbeeyey 1985kii. London waxaan u soo wareegay ilaa 3 sanadood ka hor. . Raykaygu waxay u qexeen Kaam Abokor oo Itoobiya ku taala, ka dibna, Xaaskayga waxaan keenay sanadkii 1994 dagaalka awgii waxa i caawiyey si aan u keeno, Xafiiska Talo Bixinta ee Soomaalida ee Cardiff iyo ninka xaafadayda laga doorto ee la yidhaa Alun Michael.

Mohamed Adan Ahmed
Maxamed Aadan Axmed

I was born in Buroa on September 25th 1931. I left Somaliland in 1948 and went to Aden, in the Yemen. After 3 months, I boarded a ship from Aden to Liverpool and arrived at Liverpool dock on 28th January 1949. I left Liverpool, came to Wales, and I started my first job in a factory in Newport.

In 1950 I went to London to register as a seaman and joined my first merchant ship in South Shields. I worked on various merchant ships and sailed to almost all parts of the world. I left my last ship in 1988 due to injury at work.

I got married in 1964 to Shugri Ahmed (Tamuja), who was from Hargeisa. I had two separate wedding parties, in Hargeisa and Buroa. In 1973, I took my family to Kenya, where I had some relatives. They lived there for 8 years until they joined me here in 1981. I wanted my family to stay in Africa, but unfortunately it became unsafe. I have nine children and thirteen grandchildren; they are all living in the UK in cities such as Cardiff, London and Sheffield.

Waxaan ku dhashay magaalada Burco, bisha Sebtenbar 25dii 1931. Waxaan Soomaaliland ka soo kicitimay oon tegay Cadan sanadkii 1948kii. 3 Bilood markaan halkaa ku sugnaa ayaan uga soo baxay dhinaca magaalada Liferbuul anigoo soo raacay markab ayaan ka soo degay tekeda magaaladaa malintii 28kii Jeneweri 1949kii. Waxaan uga baxay Liferbuul dhinaca Welishka. Anigoo shaqadii iigu horeysay ka bilaabay magaladaa Newport.

Sanadkii 1950kii ayaan tegay magaalada London si aan isku qori sidii aan badmareen u noqon lahaa, anigoo ka raacay markabkii iigu horeeyey magaalada South Shields. Waxaan kasoo sheqeeyey maraakiib baddan oo kuwa xamuulka ah, u kala baxayna meelo badan oo aduunka ka tirsan. Markabkii iigu danbeeyey waxaan ka degay sanadkii 1988 anigoo shaqada ku dhaawacmay awgeed.

Waxaan aqal galey sanadkii 1964 anigoo guursaday Shukri Axmed (Tamuuje), oo reer Hargeysa ahayd. Waxaan laba xafladood oo aroos ku kala qabsadey magaalooyinka Hargeysa iyo Burco. Waxaan xaaskeyga geeyey Kiiniya, halkaas oo ay badh reerkaayaga ihi degenayeen sanadkii 1973kii. Waxay halkaa ku noolaayeen 8 sanadood ilaa ay halkan iigu yimaadeen sanadkii 1981kii. Waxaan jeclaa inay xaaskaygu Afrika ku noolaadaan, laakiin nasiibdaro Afrika waxay noqotey meel aan nabad lahayn. Waxaan dhalay 9 caruura iyo 13 caruura oon awoow u ahay; kuligood waxay ku noolyihiin wadankan, siiba magaalooyinka; Cardiff, London iyo Sheffield.

Mohamed Ali Mohamed ("Gurase")
Maxamed Cali Maxamed ("Guraase")

Mohamed was born in Buroa in 1930, and he came here in 1961. He worked in factories and companies in Cardiff and Newport. His first job was as a labourer with the McAlpine Construction Company. He also worked in the Hamilton factory in Cardiff and for F H Lloyd of Cardiff. He worked till 1977, when he was forced to give up work due to an industrial injury. Sadly Mohamed passed away while on holiday in his birth town of Buroa in 2003.

Maxamed wuxuu ku dhashay magaalada Burco sandkii 1930, wuxuuna halkan yimid sanadkii 1961. Wuxuu ka soo sheqeeyey meelo kala duwan oo ka tirsan Cardiff ilaa sanadkii 1961. Kuwaas oo kala ahaa McAlpine oo ah shirkad dhismaha ah. Wuxuu kaloo ka soo sheqeeyey Wershedaha Hamilton iyo F H Lloyd oo ku yaalay magaaladan Cardiff. Wuxuu sheqeeynayey ilaa uu dhaawac shaqada ka gaadhay uga tegay. Ala ha u naxariistee Maxamed wuxuu ku geeriyooday magaalada Burco ee Somalialnd isagoo fasax u gaadhay sanadkii ina soo dhaafay.

Mohamed Haji Omar ("Dafar")
Maxamed Xaaji Cumar ("Dafar")

I was born on the 20th June 1938, in Buroa, Somaliland. I left Somaliland to join my father, who was already in the UK. My father left us to go to the UK in 1947. He sent me a visa to join him. I arrived at Heathrow Airport in 1956 and then caught the train to South Shields, where my father was living. I worked on various sites as a labourer and also worked in factories in both South Shields and Middlesborough. I became a Merchant Seaman in 1958 and have worked in different roles both in the engine room and on the deck. I moved and settled in Cardiff in 1975. I left my last ship in 1989.

Waxaan ku dhashay 20kii June 1938kii, magaalada Burco ee wadanka Somaliland. Waxaan ka soo dhoofay Somaliland si aan aabahay ugu tago oo joogey wadanka Boqortooyadda Midoowdey Aabahay wuxuu naga soo dhoofay si uu u tago Boqortooyadda Midoowdey sanadkii 1947kii. Wuxuu ii soo diray Fiisa si aan ugu imaado. Waxaan ka soo degay gegada diyaaradaha ee Heathrow sanadkii 1956kii, dabadeedna aan raacay tareyn si aan u tago magaalada South Shields oo Aabahay joogay. Waxaan qabtey shaqooyin kala duwan oo kuuli iyo wershadoba laheyd oo aan ka sheqeeyey magaalooyinka South Shields iyo Middlesbrough. Waxaan noqdey bad mareen sanadkii 1958kii oon qabtey shaqooyin kala duwan markabka xagiisa sare iyo mishiinkaba. Waxaan soo degay magaaldan Cardiff sanadkii 1975kii. Waxa markab aan raaco iigu danbeeysay sandkii 1989kii.

Mohamed Hashi Halig
Maxamed Xaashi Haalig

I was born in Buroa in 1928. I left Somaliland in 1948 and stayed in Aden for a year; then I came to this country. My father and uncle were seamen before me. We had about one hundred camels, but I wanted to follow in the footsteps of my uncle and my father and become a seaman. I joined my first ship in Liverpool and my first trip was to Australia. I was a fireman in the Merchant Navy and later worked on the deck. I was at sea for forty years. I left the sea in 1979 to start my own business. I had a coffee shop and a pool club in Newport. I have nine children and I am a great grandfather.

Waxaan ku dhashay magaalada Burco sanadki 1928. Waxaan ka soo dhoofay wadankii 1948. Sanadd ayaan joogay Cadan, ka dibna halkan ayaan imid. Adeerkay iyo aabahayba badmareeno ayey ahaayeen. Waxaanu lahayn 100 halaad oo geela, laakiin waxaan rabay inaan ku daydo adeerkay iyo aabahay oon badmareen noqdo. Markabkii iigu horeeyey waxaan ka raacay magaalada Liferbuul anigoo u socdaalay wadanka Ustareeliya. Waxaan ahaa dhuxul shide, markii danbana waxaan ka shaqeeyey markabka guudkiisa. Waxaan ahaa badmareen mudo 40 sanadood ah. Markaan bada ka fadhiistay waxaan bilaabay ganacsi, anigoo furtay makhaayad iyo meel bilyaardhka lagu ciyaaro oo ku taalay xaafada biil ee magaalada Newboort. Waxaan dhalay 9 caruura, waxaana ahay awoow labaad.

Mohamed Jama Guled
Maxamed Jaamac Guuleed

I was born in 1922 in Buroa, Somaliland. I left Somaliland and came to the UK in 1956 and worked in London. I went to sea in 1963 and worked in the Merchant Navy. I also lived in both Cardiff and Newport and worked in the steel industry in Cardiff. My wife and children are here with me in London. They joined me after the civil war. I left my last ship in 1983 and have not worked since then.

Waxaan dhashay sanadkii 1922kii, magaalada Burco ee Somaliland. Waxaan ka soo dhoofay wadankii imidna wadankan sanadkii 1956kii. Waxaan ka sheqeeyey magaalada London. Waxaan bada galey sanadkii 1963kii oon ka sheqeeyey maraakiibta xamuulka. Waxaan kaloo ku noolaan jiray magaalooyinka Cardiff iyo Newport oon ka sheqeeyey wershedaha Biraha shuba ee Cardiff. Gabadheyda iyo caruurtayduba London ayey ila joogaan. Waxay ii yimaadeen dagaalkii ka dib. Waxaan ka degay markabkii iigu danbeeyey sanadkii 1983kii, maanan shaqeyn wakhtigaa ka dib.

Mohamed Madar Booh
Maxamed Madar Buux

I was born in 1939 in a town called Arabsiyo, near Hargeisa. I went to Djibouti to get an education as some of my relatives were living there. I joined a Quranic School and finished the Quran. Then I left education to search for work, as I was the only child. I

came here to Cardiff in 1958 to join my uncle Muse Omar Buuh, who had a shop and a boarding house in Tiger Bay. The boarding house was in Bute Street. I worked with him in both the shop and the boarding house. After several years I stopped working for my uncle and worked in several factory jobs, such as at Gulf Radiators, a factory that used to make rubber for cars, located in Ty Glas Road, and another one in Gabalfa. I got married to an English lady called Edwina in 1963. We have six children: four daughters and two sons, who are all graduates and working. I bought a house and a shop in Cathays in 1963. As business was bad, I applied for a shop space when they were building the Loudoun Square shops and moved back to Tiger Bay in 1970 with my family. Edwina and I got divorced in 1974. I got married again in 1980 to a Somali lady in Somaliland called Fadumo Abdillahi Mahdi. I have another 8 children from my second marriage. After the civil war I took them to Djibouti, where they stayed for two years. They joined me here in 1990.

Waxaan dhashay 1939 oonku dhashay magaalada Arabsiyo. Waxaan u wareegay magaalada Djibouti oo reerkayaga badh deganaa si aan wax uga barto. Waxaan dhameeyey malcaamada Quraanka ka dibna tacliintii waan iskaga tegay si aan u shaqeysto anigoo madi ahaa awgeed. Waxaan wadanka imid Abriil 1958. Cardiff baan imid oo uu joogay adeerkay Muuse Omer Buuh. Wuxuu lahaa dukaan oon kala sheqeyn jiray. Wuxuu kaloo uu lahaa Guri Soolane wadada Bute Street. Ka dibna waxaan ka sheqeeyey wershado kala duwan. Sida Gulf Radiators, iyo mid sameyn jirtay rabadhka baabuurta oo ku taalay Llanishen Ty Glas Road. Waxaan guursaday sanadkii 1963kii gabadh Ingiriisa oo la yidhaa Edwina oo ii leh 6 caruura, afar gabdhood iyo laba inan. Dhamaantood wax bay barteen oo way sheqeeyaan Waxaan ka iibsadey xaafada Kateeys la yidhaa aqal iyo dukaan sanadkii 1963kii. Markuu mudo socon waayey ayaan kan ku yaal xaafada dalbadey oo la I siiyey sanadkii 1970kii una soo wareegay aniga iyo reerkaygii. Edwina waxaanu kala tagney 1974kii. Waxaan guursaday gabadh Soomaaliyeed oo la yidhaa Faadumo Cabdillahi Mahdi 1980 oon kula aqal galay wadankii iina leh 8 caruura. Markii dagaalku bilaamay ayaan keenay Djbouti oo ay joogeen 2 sanadood kadibna 1990 ayaan keenay wadankan.

Mohamoud Kalinle
Maxamuud Qalinle

I was born in Arabsiyo; I'm 92 years old. Arabsiyo is a small town west of Hargeisa and is famous for its farms. My father used to have lots of horses. I was born near a famous tree called Agamso in Arabsiyo. We used to live in a Somali traditional tent. I moved to Djibouti when I was twelve years old. My uncle was living there and I joined him.

He was working for the German Embassy in Djibouti, as a chef. His name was Omer Guled. I had three uncles in Djibouti. I entered the Quranic School and, when I finished, I went to the French school, where I learned the French language. I was in that school for seven years, it was inside a big church in Djibouti. I had a small boat to bring passengers to the shore when they arrive with big ships in Djibouti. I was about nineteen years old when I bought the boat. I used to make a lot of money at that time. I was also a member of the French Somali Society Party, a political party to campaign for the independence of Djibouti.

We used to have some camels, but we did not spend a lot of time with them. There is no Somali without camels. My uncles used to look after them. I saw a lot of people going to France to get jobs and I decided to follow them there. I sold my boat and went to France. I stayed in Marseilles and worked in factories and sometimes on ships. We used to sail to all over the world. I left Marseilles and went to Paris, and from there I caught the train and went to Le Havre, where I boarded the ferry to Dover. From there I came to Cardiff in 1937 and have lived here since then. I joined the Merchant Navy and later the Royal Navy and worked as fireman and donkeyman in the engine room. There were lots of Somalis, who are now dead, and all of them were either in the Merchant Navy or the Royal Navy. I travelled here with a man called Abdi Osman who was my best friend but now dead. He wanted to join his uncle in Cardiff and I had a cousin in Cardiff. I worked on ships and also on some destroyers. I was in the Second World War and destroyed some ships and two fighter aircraft in Malta. We used to carry food and a lot of military equipment to the front line during the Second World War. I was also a member of the National Union of Seamen. I was the leader of the Somali Community here in Cardiff and also one of the trustees of Nuur al-Islam Mosque in Maria Street here in Butetown. My wife was from Wales. Her name was Doreen and her Somali name was Halima. She died in June 2004. We have a son called Jama, who is fifty-nine years old.

Waxaan ku dhashey tuulada Arabsiyo. Waxaan ahay 92 jir. Arabsiyo waxay ku taalaa galbeedka magaalada Hargeysa, waxayna caan ku tahay beero waaweyn. Aabahay wuxuu lahaa fardo badan. Waxaan ku dhashey meel i dhoweyd geed caana oo la odhan jiray Agamso oo ku yaal Arabsiyo. Waxaanu ku nooleyn Aqal Soomaali. Waxaan u guuray Jabuuti markaan ahaa 12 jir. Adeerkay ayaa ku noolaa oo kuug u ahaa Safaarada Jarmalka ee Jabuuti, halkaa oon iaga kula noolaa. Waxaan galey malcaamad Quraan, markaan dhameeyeyna waxaan galey Iskuul Faransiis ah oo aan ku bartey afka Faransiiska. Waxaan halkaa ku jiray mudo 7 sono ah. Waxaan lahaa dooni yar oon dadka kaga soo guri jiray markay maraakiibta ku yimaadaan Jabuuti si aan xeebta u keeno. Waxaan ahaa 19 jir markaan doonta iibsadey. Waxaan sameyn jirey lacag badan wakhtigaa. Waxaan ka mid ahaa Xisbiga

Soomaalida ee Faransiiska oo u halgami jiray xoriyada Jabuuti. Waxaanu laheyn geel inkastoo aanu anagu dhaqan jirin, waxa noo heyn jiray adeeradey. Soomaalida kuma jirto cid aan geel laheyni. Waxaan arki jirey dad badan oo u tacabiraya Faransiiska markaa ayaan goostey inaan ana halkaa tago. Waxaan tegey Faransiiska markaan doontaydii iibiyey. Waxaan ku noolaa oon shaqo ka heley magaalad Merseey oon wershado iyo maraakiiba ka sheqeeyey. Waxaan ka tegey Maarseey oon u kacatimey xaqa Baariis oon muddo yar ka dib uga baxay dhinaca Lehaafard oon ka soo raacay doon i keentey magaalada Dofar oon uga dhoofay ilaa aan soo degay magaaladan Kaarddhif oon imid 1937. Waxaan raacay maraakiibta xamuulka iyo kuwa ciidamada bada ee Ingiriiska labadaba. Waxaanan ka sheqeeyey oon ka bilaabey dhuxul shide ilaa aan u dalacay inaan ka noqdo makaanig. Waxa joogi jiray halkan Soomaali badan oo imika wada dhimatay, kuwaas oo maraakiibta xamuulka iyo kuwa ciidamadaba raaci jiray. Waxaan la soo kicitimay nin aanu saaxiib ahayn oo la odhan jiray Cabdi Cusmaan oo imika mootan. Wuxuu doonayey inuu u tago adeerkii oo Kardhif deganaa ana waxa deganaaa inaadeerkey. Waxaan ka soo sheqeeyey maraakiib iyo kuwa maraakiibta dejiyaba. Waxaan ka qeyb galey dagaalkii labaad ee aduunyada oon soo riday lab diyaaradood oo kuwa dagaalka ah wadanka Malta, waxa kele oon dejiyey markab. Waxaanu qaadi jirnay cunto iyo qalabka milateriga oonu geyn jirnay goobta dagaalku ka socdey. Waxaan ka mid ahaa ururka badmaaxyada wadankan. Waxaan ahaa duqa bulshada Soomaalida ee Kardhif iyo asaasayaashii Masjid Al Nuur ee ku yaal xaafadan. Waxaan qabaa gabadh Welisha oo la yidhaa Dorreen ama magaceeda Soomaaliga oo la yidhaa Halima iyo wiil aanu dhalney oo la yidhaa Jamac oo 59 jir ah.

Muuze Ismail Argin
Muuse Ismaaciil Argin

I was born in a village called Qudhac Weyne, west of Hargeisa, in 1937. I used to look after our camels. I left Somaliland in 1950 to look for a job in Arabia. I went to Aden in the Yemen and worked in a garage for a year. I then went to Oman and also worked as a mechanic's assistant for another year. I moved to Dubai and opened a coffee shop, but after 8 months I sold it and went to Qatar and worked in a garage for six months. Then I went to Bahrain and again worked in a garage for six months. I finally settled in Kuwait in 1954 and worked as a mechanic. I also worked for the Ministry of Finance as a mechanic. I retired in 1986 and bought two buses and had contracts with schools to collect children. After the invasion of Iraq in 1989, I sent my family to Cardiff and I joined them in 1990. I have nine children who are here, in Canada and in the USA. They all work and are educated.

Waxaan ku dhashey tuulo la yidhaa Qudhac Weyne oo galbeedka ka xigta magaalada Hargeysa sanadkii 1937kii. Waxaan raaci jiray geelaayaga. Waxaan Somaliland ka dhoofey 1950kii si aan shaqo u helo. Waxaan tegey magaalada Cadan ee wadanka Yamanta halkaa oon ka sheqeeyey muddo sanada Geerash. Waxaan halkaa uga dhoofey wadanka Cumaan oon isna ka noqdey Makaanig caawiye muddo sanada. Waxaan haddana u dhoofey magaalada Dubai oon ka furtey makhaayad, 8 bilood ka dibna waan iibiyey makhaayadii waxaanan u dhoofey wadanka Qadar oon 6 Bilood ka sheqeeyey Geerash. Waxaan degey 1954kii wadanka Kuwayd oon ka sheqeeyey geerash iyo Wasaarada Maaliyada anoo ka ahaa makaanig. Waxaan shaqadii ka fadhiistey 1986kii oon iibsadey laba Bas oon ku qaadi jiray Ciyaala Iskuulka. Markey Iraaq soo gashey Kuwayd ayaan reerkaygii u soo diray wadankan ana waxaan ka soo daba dhoofey 1990kii. Waxaan leeyahay 9 Caruura oo kala jooga halkan, Kanada iyo Maraykanka, way wada sheqeeystaan waxna wey barteen.

Olaad Ismael
Colaad Ismaaciil

I was born in 1927 in Buroa, Somaliland. I came to the UK in 1959 and lived and worked in Cardiff. I joined the Merchant Navy in 1960 and I moved to London in 1962. I worked on various ships and left my last ship in 1983 because of illness.

Waxaan ku dhashay magaalada Burco ee waddanka Somaliland sanadkii 1927kii. Waxaan waddankan soo galey sanadkii 1959kii oon degay kana shaqeeyey magaalada Cardiff. Waxaan badmaax noqdey sanadkii 1960kii. Waxaan London u wareegay sanadkii 1962kii. Waxaan ka soo sheqeeyey maraakiib badan aan aan shaqada uga fadhiistay cudur owgii sanadkii 1983kii.

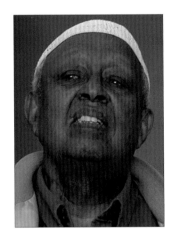

Omar Ahmed Abdillahi
Cumar Axmed Cabdilaahi

I was born in 1958 in French Somaliland or, as they call it now, Djibouti. I went to Paris in 1973 to work. I moved to Brussels, Belgium, in 1978 to look for a job and did various jobs throughout Europe. I only moved here to Cardiff in 2003. Waxaan ku dhashay dhulkii la

odhan jiray Faransiiska Somaliland ee imikana loogu yeedho Djibouti. Waxaan u guuray Baariis sanadkii 1973 si aan uga shaqeeyo. Waxaan hadana u guuray magaalada Burusals ee Beljimka sanadkii 1978 si aan shaqo uga helo. Waxaan ka soo shaqeeyey dhulal badan oo Yurub ka tirsan. Waxaan Cardiff u soo guuray sanadkii 2003.

Omar Mohamed Hassan
Cumar Maxamed Xasan

I was born in 1920, in the city of Buroa, Somaliland. I left Somaliland to go to Aden in the Yemen in 1935. I stayed there and worked for a few years and then took a ship to Port Said, Egypt. After few months, in 1946, I was recruited to be a member of the crew of a British ship sailing from Port Said to Australia. A few months later we sailed from Wellington, New Zealand, to Germany. We were carrying a cargo of wool. After that we sailed to Hull. I stayed in Hull for few days and then I moved to Newport, South Wales. I have lived in various cities in the UK, including Cardiff, where I witnessed the arrest of Mr Mataan for the murder of the Jewish shopkeeper.

On this occasion I had left a ship to go to Manchester. A man called Dahir Awale Burale of the Cisa Musa Tribe had become ill while we were in Japan. He had left us and had been admitted to hospital. When I arrived in Manchester, I heard that the man was now in Cardiff. I telephoned him and I told the captain of the ship that Mr Burale was in Cardiff and that he should make sure that he recruited him again, and he agreed.

I left Manchester for Cardiff, and that night was the night that the woman was murdered. Mr Burale had bought a collar from the shop. In those days the collar and the shirt were sold separately. I gave him a £5 note, which was white. At the time three other women were in the shop with the woman: her sister, her sister's girl and her mum. Dahir Awale told me that when he bought the collar, before she gave him his change, the man who would murder her entered the shop. After the man entered the shop, the woman stopped moving; she took a long time to give him his change and he shouted: "Give me my change." She gave him his change; she was cold and dead-like. He thought that was the time the man shot her, and he left the shop.

After that, they were looking for Dahir Awale, as he was the last person to see her. We heard that the Jewish lady, who had been murdered, had been shot by a Somali man. They said in the news that she been murdered by a black Somali man, who was said to be six feet tall. Dahir told us that this sounded like him. We told him to catch the train and go to Manchester; he took the train to Manchester. Four days later, they took all the Somali men from three boarding houses about fifty-three of us to the town hall. Mataan asked: "Are they exchanging us for the woman?" The head of the CID came into the room and told us that they would place a suspect amongst us and not to worry. The man was a bit older than me, but we were the same size. They placed the man next to me. They first brought her sister to the room. She looked at us and said that the man was not there. Then they brought her mum, who also said the same, as they both were looking for Dahir Awale. Then her niece, who was about eleven years old, came into the room and also said the man was not there. They were the last three people who saw Dahir Awale in the shop. Then they brought two men into the room: one was an Indian man, and the other was mixed-race West Indian. The Indian man, as soon as he entered the room, shouted: "That's the man, that's the man," pointing to Mataan, and Mataan told him that he'd see him later. Then the West Indian man entered the room and he also shouted, pointing to Mataan: "that's the man, that's the man," and Mataan told also him he'd see him later. Mataan, Allah may forgive him, he was always in trouble and he used to bully people and always used to carry a gun. The Somalis did not fight for him and the next thing we heard was that he had been hanged.

Waxaan ku dhashey magaalada Burco sanadkii 1920. Waxaan Somaliland ka soo dhoofay sanadkii 1935 oon tegay Cadan. Halkaa ayaan joogay oon ka shaqeeyey dhowr sanadood, dabadeedna u raacay markab ilaa iyo Boor Sacid, wadanka Masar. Dhowr biloot ka dib sanadkii 1946kii ayaa la I qorey markab u baxayey Ustareeliya oo ay lahaayeen Biritishku., kana baxayey Boor Saciid ilaa Ustareeliya. Bilo ka dibna waxaanu suuf kasoo qaadney magaalada Wellington ee Newsiiland ilaa iyo dhinaca Jarmalka, ka dibna waxaanu u kacatimnay ilaa iyo magaalada Hull ee Igiriiska. Waxaan halkaa ku sugnaa muddo dhowr cisho ah ugana baxay ilaa iyo magaalada Newport ee Koonfurta Welishka. Waxaan kaloo deganaa magaalooyin kale oo baddan ayna ka midka ahayd Cardiff oon markhaati ka ahaa xidhitaankii ninkii la odhan jiray Mataan ee loo deldelay dilkii gabadhii Yuhuudiyada ahayd ee dukaanka haysatey.

Markab baan kaga soo hadhay Manchester. Nin la yidhaa Daahir Cawaale Buraale oo Ciisa Muusa oonu isku markab la wada soconay, ayaa jabaan nagaga xanuusaday. Dabadeedna markaanu Manchester nimid ayaan ogaadey inuu ninkii Cardiff yimid, tilifoon baan kula soo Hadley, .waxaan Kabtankii Markabka ku idhi ninkii Daahir Cawale Cardiff buu joogaa waa inaad jagadiisa u banaysaa, waayahay ayuu yidhi.

Waan soo dhoofay, Cardiff baan imid. Habeenkaan Cardiff imid baa naagtaa lagu dilay. Wuxuu ka iibsaday Kaladh ka shaadhka, shaadhka iyo Kaladhku labay kala ahaan jireen. Shan gini oo warqad cada ayaan siiyey, markaasuu naagtii u dhiibay.

Markaa waxa la joogay walaasheed, iyo inan ay habaryar u tahay iyo hooyadeed. Markuu Dahir Cawale shaadhka ka iibsadey. Daahir wuxuu igu yidhi ninka dili doonaa iyadoon sarifkii I siin ayuu soo galay, markuu soo galayna naagtii way kala ingagtey, lacagtii sarifkii ayey hore ii siin waydey, waan weydiistoo indhi naa I sii sarifka, sidoo bakhti oo kale ayey sarifkii I siisay. Kadinkii baan ka baxay, markaas ayaan u malaynayaa inuu nabarka ku dhuftay.

Dabadeed Dahir Cawaale ayaa la doonayaa, isagaa dadka ugu danbeeyey. Markiiba waxa la yidhi naagtii Yuhuudiyada ahayd waxa dilay nin Soomaaliyeed, dabadeed Warkiilagasoodaayay waxa dilay nin modow oo Soomali ah oo dheer oo 6 Fuud ah oo aad u modow, Dahir wuxuu yidhi ninka ay rabaan waa aniga. Markaas ayaanu ku nidhi orod Tareenka raac oo qabo Manchester adaa lagu qabanayaaye. Daahir Cawaale Tareenkii buu raacay, Manchester ayuu qabtey dabadeed afar cisho kadib, ayaa Soomaalidayadii nala qabqabtey, saddex makhaayadood oo Soomali ah illaa dhowr iyo konton ayaa nalagu qabqabtey, waxa nala geeyey town hallka. Dabadeed Mataan ayaa yidhi "waryaa ma habartii baa la inoogu aarayaa"? markaas ayuu soo baxay nin Booliis ah oo ahaa kii ugu sareeyey CIDda, nin aanu ka wiswisnay ayaanu idinku dhex dareeynaaye ha baqina. Ninku wuu iga yara weynaa ee isku sees baanu ahayn, ninkii dhinacayga ayaa la keenay, kii dadka ii xigay buu ahaa, waa la igu soo daray. Waxa la soo daayey walaasheed, sidaas ayey u martey oo u eegtey, waxay tidhi kuma jiro. Hooyadeed baa la soo daayey, wey martay oo martey, ninkii madoobaa ee Dahir Cawaale ayaa la doonayaa, iyana waxay tidhi kuma jiro, inan yar oo ay habar yar u tahay oo ilaa kow iyo toban jira ayaa iyana la soo daayey, waa sadexddii ugu danbeeyey ee arka ninkan Dahir Cawaale. Inantaasu intay na wada eegtey ayey tidhi kuma jiro. Nin Hindiya iyo nin haaf kaash ah oo Galbeedka Indiya Kasoojeeda ayaa la keenay. Hindigii markuu soo galeyba wuxuu yidhi "that's the man, that's the man", waa kaa ninkii waa kaa ninkii, isagoo farta ku fiiqaya Mataan, mataana wuxuu ku yidhi waynu is ognahay buu yidhi. Dabeeto waxaa qolka soo galay ninkii kale eekao - ojeeday Galbeedka Hindiya "that's the man, that's the man" ayuu isna yidhi, isagoo tilmaamaya mataana, isna wuxuu ku yidhi waynu is ognahay Mataan. Mataana Illaahay ha u naxariistee nin dhibaato baddan buu ahaa oo dadka handas ab gareeyoo tamuujadiisa iska qaadan jiray Ninkaa xil la iskama saarin, waxaana noo xigtey ninkii waa la deldelay.

Omar Noor Kibar
Cumar Nuur Kibaar

I was born in Hargeisa in 1937, near the airport. I had no formal education. I used to manage a restaurant in Hargeisa. I came to this country in 1957 and worked in a factory in Hull, in the steel industry. After three years, in 1961, I moved to Cardiff and started to work for the British Steel Corporation. I joined the Merchant Navy in 1968 and left my last ship in 1974, since I was injured while working. I was up fixing the crane when I fell down and broke both my hands, injured my head and lost my teeth. I have not worked since then. I got married in 1970 in Cardiff. My marriage was the first between two Somalis in Wales, or even in the UK. I have three children, all educated and working now.

Waxaan ku dhashay Hargeysa sanadkii 1937, meel Gegeda Diyaaradaha u dhow. Waxbarasho maan gelin. Waxaan haysan jiray Makhaayad. Waxaan wadankan imid sanadkii 1957, kana shaqeeyey magaalada Hull, wershadaha Birta Shuba. 3 sanadood ka dib ayaan sanadkii 1961 u soo guuray magaalada Cardiff oon ka sheqeeyey wershed birta shubta oo la odhan jiray; British Steel Co-operation. Waxaan badmareen noqday sanadkii 1968, waxaanan markabkii iigu danbeeyey ka degay sanadkii 1974 oon dhaawacmay anigoo ka sheqeynaya. Waxaan hagaajinayey wiishka oon dul fuushanaa markii aan soo dhacay een ka jabay labada gacmood, madaxana wax ka noqday, ilkana ay iga daateen. Markaa ka dib maan shaqeyn. Waxaan guursaday sanadkii 1970 kuna guursaday magaaladan Cardiff. Guurkaygu wuxuu ahaa kii ugu horeeyey ee wadankan ka dhaca ee laba qof oo Soomaaliyeed ay is guursadaan. Waxaan leeyahay saddex caruura oo wax wada bartey, wadana shaqeeya.

Omar Yussuf Essa
Cumar Yuusuf Ciise

I was born near Hargeisa, where they built the airport. At that time it was part of the countryside, as Hargeisa was not as big as I hear it is now. We used to move around, mainly looking after our animals. We used to go to wherever there was rain, or there was a well. Sometimes, when there was rain everywhere, we could choose where to go. I had five sisters and six brothers. I have a wife and children here. My wife's name is Anab and she was also born in Hargeisa. We got married in 1979 in Hargeisa. I have ten children and they are all here with us. My family joined me in 1990, after the civil war, with the help of Alun Michael, my MP. I went to the Ethiopian refugee camps to find them. In my first job in Somaliland, I worked in a small factory in Hargeisa in which the boss was a Greek man. It used to make lemonade. I left and worked as a waiter for several coffee shops in Hargeisa. We used to have some camels, inherited from our grandfather, but as all of us left the countryside, we did not look after our camels and they all disappeared. It was hard work looking after the camels, as you have to tend them all day and bring them home at night, and you have to milk them during the night and early in the morning.

I left the country to find a job. I hid in a boat from Berbera and went to Aden and, after few days, went to Dubai, where we had a hard time. We left Dubai and walked to Qatar. I worked in a garage as a motor mechanic for a few months and then went to Saudi Arabia without any papers and, after three years working in different garages, they arrested us for entering the country without any documents. I left Saudi Arabia and went to Bahrain, where I applied for a British passport. I had a job with an Egyptian merchant ship called "Cleopatra" and worked there for a few months. I was twenty years old at that time. I boarded an aeroplane from Kuwait and came to Heathrow Airport at the end of 1960. I went to Scunthorpe and worked in a steel factory for three years. I came to Cardiff in 1964 and started work in a factory called F H Lloyd.

My first job as a seaman was as an Ordinary Seaman in 1970. I joined the Merchant Navy when I found that factory jobs, especially in the steel industry, were very hard. I participated in the Falklands War, as we used to take food and arms for the British Forces over there. When this country enters into a war, all sorts of ships are used to serve the British Forces, whether they are Royal Navy or Merchant Navy. The Merchant Navy ship that I was on during the Falklands War was called "Uganda". I worked in the engine room and also on the deck. My salary was £20 a week, and then £50, and then £70. On my last ship it was £100 a week. We used to do the jobs that the white people did not do, as they were very hard work and the rewards were little. Once the person responsible for giving out rations told me to take bacon, and when I refused and told him that I was a Muslim, he told me that I had a British passport and should eat what the British eat. A young white seaman, who was behind me, punched him in the face and told him not to force the gentleman, and the cooks told me not to take any notice, as, they said, "we will give you the food that you want". I left my last ship in 1990, as I had a lot of pain in my knees and joints, and could not work.

I have been here in Cardiff since 1964. There were a lot of Somalis living in Butetown when I first arrived and most of them are now dead. Only Mohamoud Kalinle is now living. Cardiff used to be better than it is now, as it had launderettes to wash your clothes, public baths, and public swimming pools. Now they turn everything into offices, bars and restaurants. I don't know who uses all of them. Butetown and Cardiff Bay are now developed, but we have lost a lot of services that the public needs.

Waxaan ku dhashey magaalada Hargeysa, halka airboodhku yahay ayaan ku dhashay, wuxuu ahaa miyi sidii la igu yidhi anigu ma garanayo. Waanu guur guuri jirnay oonu tegi jirnay meesha roobku ka da'o ama meesha ceelka leh ee biyaha leh la yimaado iyo mar dhulki wada wanaagsan yahay oo la kala door doorto iyo intaba. Waxa ila dhashay shan hablood iyo lix inamood. Waxaan ku leeyahay halkan xaas iyo caruur, magaceedo waa Canab iyana Hargeysa ayey ku dhalatey. Waxaanu is guursanay 1979 oonu ku aqal galney Hargeysa. Waxaan dhaley toban caruura oo dhamaan halkan nala jooga. Reykaygu waxay halkan yimaadeen 1990 dagaalkii ka dib anigoo ka doonay xerooyinka qoxootiga ee Xabashida arintaa oo uu iga caawiyey ninka xaafadaayada laga doorto Alan Micheal. Shaqadaydii iigu horaysay Somaliland waxay ahayd Wershed yar oo lama leedhka lagu sameeyo oo aan ka sheqeyn jiray oo uu haystey nin Giriigi. Waan ka tegey oon u shaqeyn jiray makhaayado dhowr ah oon shaaha dhig dhigi jiray. Waxaanu laheyn geel aanu ka dhaxalnay awoowgay, laakiin anagoo miyigii ka soo guurnay awgeed geelaayadii wuu dhamaaday. Dhiqida geelu way adkayd adigoo maalintii oo dhan la soo jooga habeenkiina maala iyo subaxa horeba.

Waxaan Somaliland ka soo dhoofay anigaa dooni kaga soo dhuuntay Berbera ilaa iyo Cadan, ka dibna waxaan tegay Dubay halkaa oon kala kulaney wakhti adag. Waanu ka tegnay Dubay oonu u lugayney Qadar, halkaa oon ka sheqeeyey Geerash muddo dhowr biloba. Ka dib waxaan uga gudbay wadanka Sucuudiga oon ka sheqeeyey saddex sanaddood geerashyo kala duwan. Halkaa oo la igu xidhay anigoo wadanka ku soo galey sharci la'aan. Ka dibna waxaan uga gudbay wadanka Bahrain oon ka dalbadey baasaboorka Britishka aanan ka raacay markab Masaaridu lahayd oo la odhan jiray "Cleopatra" oon ka sheqeeyey muddo dhowr biloba, waxaan ahaa 20 jir wakhtigaa. Waxaan diyaarad ka soo raacay wadanka Kuwait oon imid Ariboordhka Hiitaroow dhamaadkii sanadkii 1960kii. Waxaan uga gudbay magaalada Skootoom oon ka bilaabay shaqo wershed biraha shubi jirtay mudo 3 sanadood ah. Waxaan imid Cardiff sanadkii 1964gii oon shaqo ka bilaabay wershed la odhan jiray F H Lloyd. Waxaan noqday badmaax sanadkii 1970kii oon ka bilaabay derejeda ugu hoosaysa ee la yidhaa (SOS) oo ah badmaax caadi ah. Waxa igu kelifay in aan bada maro anigoo ay igu adkaadeen shaqooyinki wershadaha siiba kuwa shuba birtu oo adkaa. Waxaan ka qeyb qaatey dagaalkii Falklands oonu u qaadi jirnay hub iyo cuntaba ciidamada Biritishka ee halkaa ku sugnaa. Markay Dowladanu dagaal gasho dhamaan maraakiibta wadanku wey u shaqeyn jireen ciidamada, haday yihiin maraakiib dagaal iyo haday yihiin kuwa xamuul ba. Markabkaan markaa la socday waxa la odhan jiray "Uganda".

Waxaan ka sheqeeyey dheega iyo Makhsinka injiinkaba. Mushahaaradaydu waxay ahayd £20 gini wiigii, hadana waxay noqotay £50 gini wiigii, hadana £70 gini wiigii ilaa tii iigu danbaysay oo ahayd £100 gini wiigii. Waxaanu qaban jirnay shaqooyinka dadka cadcadi diidaan iyadoo adkayd lacagtuna yareyd. Mar ayaa ninkii noo qaabilsanaa inuu raashinka na siiyo ayaa igu yidhi qaado hilib doofaar, markaan u sheegay inaan Muslim ahay oonan cunin hilibka doofaarka, wuxuu iigu jowaabay cun cuntada dadku ay cunayaan haddaad haysato Baasaboor Biritisha, nin yar oo cad oo iga danbeeyey ayaa feedh ku dhuftay oo ku yidhi ha khasbin ninkan, kuugtii ayaa iyaguna igu yidhi ninkan ha dhegaysan ee waxaad u baahato iyo cuntadaad rabtoba anagaa ku siin doona. Waxaan markabkii ugu danbeeyey ka degay 1990 anigoo ay I xanuunayeen ruugaga iyo laabatooyinka jilbuhu awgeed. Waxaan magaaladan Cardiff joogay ilaa iyo 1964kii ilaa imika. Waxaan ugu imid Soomaali badan oo ku nool xaafada Butetown, oo intooda badeni dhinteen, Mohamoud Kalinle ayuun baa imika ka nool. Cardiff berigii hore ayey ka fiicnayd imika, waxay lahayd meelo dharka lagu meydho, meelo dadku ku meedhaaan, iyo meelo lagu dabaashaba. Imika waxa meelihii oo dhan lagu bedelay, meelo lagu cuno cuntada, meelo khamriga lagu cabo iyo meelo xafiisyo ah, mana garanayo cida isticmaasha. Butetown iyo Cardiff Bayba waa la dhisay laakiin waxaanu weyne meelihii bulshadu ay u baahneyd.

Osman Jama Yusuf
Cusmaan Jaamac Yuusuf

I was born in 1926 in Buroa. I was a camel chaser when I was in Somaliland. I came here in 1958. I stayed in London for two months and then moved to Scunthorpe. I worked in the steel industry for 8 years. I returned to Somaliland in 1967 for six months and then came back to the UK. I worked in a factory in Newport. I went to sea in 1968. I worked on the deck and also in the engine room. I got married in 1967 and have seven children and nine grandchildren. My wife's name is Fadumo Jama Hersi and she is from Buroa. At first I did not want my family to join me here, but now I do want to bring them over. I was a merchant seaman until I retired in 1990.

Waxaan ku dhashay magaalada Burco ee Somaliland. Waxaan ahaa geel eryade markaan joogay Somaliland. Waxaan halkan imid sanadkii 1958. Waxaan muddo 2 biloda ku sugnaa magaalada London. Ka dibna waxaan u dhaafay dhinaca magaalada Scunthorpe. Waxaan ka sheqeeyey wershedaha birta shuba mudo 8 sanadood ah. Sanadkii 1967 ayaan ku laabtay wadankii oon soo joogay 6 bilood. Ka dibna Boqortooyadda Midoowdey da ayaan ku soo laabtay oon ka shaqeeyey wershed ku taalay magaalada Newport. Waxaan bada galay sanadkii

1968. Waxaan ka shaqeeyey markabka guudkiisa iyo mishiinkaba. Waxaan guursaday sanadkii 1967, waxaanan dhalay 7 caruura, 9 caruurana awoow baan u ahay. Gabadhayda waxa la yidhaa Fadumo Jamac Hirsi oo ku dhalatay magaalada Burco. Markii hore maan rabin in aan keeno reerkayga halkan, laakiin imika ayaan doonayaa inaan keeno. Badmareen baan ahaa ilaa aan noqday shaqo gab sanadkii 1990.

Saeed Ali Abyan
Saciid Cali Abyan

I was born in Buroa, Somaliland, in 1930. I came to the UK in 1957 and joined the Merchant Navy in 1958. I lived in Newport, Cardiff and London. I left my last ship in 1983 and could not find an alternative job after that. My family are here with me in London.

Waxaan ku dhashay magaalada Burco ee Somaliland sanadkii 1930kii. Waxaan wadankan soo galey sanadkii 1957kii. Badmareenka waxaan noqdey sanadkii 1958. Waxaan ku noolaa magaalooyinka Newport, Cardiff iyo London. Markabkii ugu danbeeyey waxaan ka degay sanadkii 1983, shaqo kalena maan helin. Xaaskaygu waxay ila degan yihiin halkan London.

Saeed Adan Yusuf
Saciid Aadan Yuusuf

I was born in Hargeisa on the 1st February 1940. I came here in 1950 and worked in the steel industry for eight years. I came to Cardiff in 1969 and I joined my first ship in 1970. I was an Ordinary Seaman and then became an Able-bodied Seaman. I worked on the deck. I stayed in boarding houses at 75 Angelina Street and in Bute Street. I got married in Hargeisa in 1968 and have seven children. I left the sea in 1982. After the civil war, in 1988, I left here to look for my family in the refugee camps in Ethiopia and I brought them here in 1992.

Waxaan ku dhashay magaalad Hargeysa 1dii bishii 2aad 1940kii. Waxaan imid halkan 1950 oon ka sheqeeyey Sheffield Warshedaha shiila Birta 8 sanadood. Waxaan imid Cardiff 1969kii oon raacay Markabkii iigu horeeyey sanadkii 1970kii. Waxaan ka bilaabay badmaax caadi ah ilaa mid isku

filan aan ka gaadhey. Waxaan guursadey 1968kii, waxaanan dhaley 7 caruura. Waxaan badda ka baxey 1982kii. Markii uu dagaalkii dhacay sanadkii 1988, ayaan doonay inaan reerkaygii keeno oon ka soo baadho xerooyinka qoxootiga ee Itoobiya. Waxaanan keenay reerkayga sanadkii 1992kii.

Said Ismail Ali (Said Shuqule)
Saciid Ismaaciil Cali (Saciid Shuqule)

Said Ismail Ali participated in the Second World War and, forty years later, the Falklands War. He left his hometown of Berbera, where he used to work for his brother who owned a coffee shop, in 1939. He worked on both Royal Navy and Merchant Navy ships. "There was little work and I had a young family to bring up. The sea meant at least a steady wage, but I do not hold any romantic notions about it all. It was simply a job." Said did many jobs on board ship, ranging from donkeyman, greaser, fireman, storeman, to trimmer. Just after he arrived in Britain, he became involved in the Second World War aboard warships. The Italians invaded his own country in 1940 and it was relieved by British troops six months later. During the war, on his voyages to supply the British Army, his ship called "Beaver" was sunk. As a young mess boy he tried to save the life of his shipmates, taking them to lifeboats. On that day he lost his Somali shipmate called Hassan Mohammed, who died. In 1946, Said brought his family to Newport and lived there until his death in 2002. He used to say: " There was a small Somali community in Newport. I decided to settle here and bring my family."

Saciid Ismaciil Cali wuxuu kaqeb qaatay dagaalkii dunida ee labaad, 40 sanadood kadibna wuxuu ka qeyb galey kii Falklandka. Wuxuu ka soo dhoofay magaaladiisii BerBera ee Somaliland oo uu ka shaqeyn jiray makhaayad walaalkii lahaa sanadkii 1939kii. Wuxuu u shaqeeyey maraakiibta dagaalka iyo kuwa xamuulkaba. "Shaqooyinka oo yaraa iyo anigoo lahaa xaas iyo caruur yaryar oon korinayey awgeed ayaan u galay badda ee uma hayo wax kalgacal ah, waxaan u galay inaan ka helo yoomiyad joogto ah." Saciid wuu qabtay shaqooyinka kala duwan ee maraakiibta lagaga shaqeeyo sida: Xamaal, Saliideeye, Dab shide, Makhaasiin haye, iyo googooye. Markuu soo galay wadankaba wuxuu ka qeyb qaatay dagaalkii labaad ee dunida oo uu la socday maraakiibta dagaalka. Wadankiisa talyaani ayaa qabsadey sanadkii 1940, taas oo ay xoreeyeen ciidamadu Biritishku 6 bilaad ka dib. Wakhtiyadii uu maraakiibta raacraaci jiray si uu kaydka ugu geeyo ciidamada Ingiriiska, markabkiisii la odhan jiray "Beaver" ayaa degay. Isagoo ahaa inan yar oo la dirdirto ayuu isku dayey in uu badbaadiyo shaqaalihii markabka kala sheqeeynayey oo uu ku gurayey doonyaha badbaadada. Maalintaa waxaa halkaa kaga dhintay saaxiibkii Xasan Maxamed. Sanadkii 1946kii Siciid wuxuu keenay xaaskiisii magaalada Newport oo uu ku noolaa ilaa dhimashadiisii sanadkii 2002. "Waxa joogay bulsho kooban oo ah reer Somaliland magaalada Newport. Markaa ayaan goostay in aan halkaa dego oo aan reerkaygana keeno.

Yasin Awad Mohamed
Yaasiin Awad Maxamed

I was born in 1928 in Buroa, Somaliland. I came to the UK and went to sea in 1957. I worked in both the Royal Navy and the Merchant Navy. I was based at first in Liverpool and then I moved to Cardiff, where my brother Jama Handulleh was living. I injured my back while working on board ship and lost the full use of my legs. I left the sea in 1961 and I did not get another job after I became disabled. I am now living in East London and come to this day care centre during the day to socialise.

Waxaan ku dhashay sanadkii 1928 magaalada burco ee wadanka Somaliland. Waxaan wadankan Boqootooyada Midowdayimid baddana galay sanadkii 1957. Waxaan ka shaqeeyey maraakiibta ciidamada badda iyo kuwa xamuulkaba. Waxaan markii hore ku noolaa magaalada Liverpool, ka dibna degay magaalada Cardiff oo walaakay Jamaca Xanduleh ku noolaa. Waxaan ka cawarmay dhabarkayga anigoo markab ka shaqeeynaya, waxaanan waayay kartidii aan u isticmaali lahaa lugahayga sanadkii 1961. Shaqo kale maan helin anigoo noqdey shaqo gab curyaanimadayada owgeed. Waxaan imika ku noolahay bariga magaalada London, waxaanan imaadaa madashan xanaanaynta wayeelka si aan ugu maararoowo.

Yusuf Ismael Ali
Yuusuf Ismaaciil Cali

I was born in 1937 in Buroa, Somaliland. I came to the UK in 1961. I was in Aden, in the Yemen, for a few years before that, working in a restaurant for the British Army. I was employed in Cardiff in the steel industry for a few years. Then I went

to sea in 1968 and I was an Able Seaman working on deck. I left my last ship in 1990. My wife and children joined me in 1987, just before the war, as there was a lot of pressure from the government. I also have seven children here.

Waxaan ku dhashey magaalada Burco ee Somaliland sanadkii 1937kii. Waxaan wadankan imid sanadkii 1961kii. Waxaan intaa ka hor dhowr sanadood soo joogay magaalada Cadan ee Yamanta oon u shaqeyn jiray ciidamada Britishka oon ka shaqeyn jiray Makhaayad ay lahaayeen. Waxaan ka soo sheqeeyey Wershadaha Biraha ee magaalada Cardiff muddo dhowr sanadood ah. Waxaan badda galey sanadkii 1968kii. Waxaan noqdey Badmareen Dhan, kana shaqeeyey markabka dushiisa. Waxa markabkii iigu danbeyey ka degay sanadkii 1990kii. Xaaskayga iyo caruurtayduba waxay yimaadeen wadankan sanadkii 1987kii dagaalka in yar ka hor, iyadoo dhibaatooyinka dhinca dowladu kolba sii kordhayeen. Waxa halkan ila jooga 7 caruura oon dhalay.

Yusuf Mohamed Jama
Yuusuf Maxamed Jaamac

I was born in Buroa in 1926. I came to this country in 1948 and lived in Cardiff. I joined the Merchant Navy in the same year as I came to the UK. I now live in London and I am single. I left my last ship in 1989.

Waxaan ku dhashay magaalada Burco, sanadkii 1926kii. Waxaan wadankan soo galey sanadkii 1948kii oon degay magaalada Cardiff. Waxaan badmareen noqdey isla sanadkaa aan soo galey. Imika waxaan deganahay magaalada London, xaasna ma lihi. Markabkii iigu danbeeyey waxaan ka degay 1989kii.

Contributors/Deeqayaal

Glenn Jordan teaches Cultural Studies at the University of Glamorgan in south Wales and directs Butetown History & Arts Centre in Cardiff. Born and raised in California, he studied at Stanford University and the University of Illinois. His publications include: *Cultural Politics: Class, Gender, Race and the Postmodern World* (1995, with Chris Weedon); *Tramp Steamers, Seamen & Sailor Town: Jack Sullivan's Paintings of Old Cardiff Docklands* (2002); and *Fractured Horizon: A Landscape of Memory / Gorwel Briwedig: Tirlun Atgof* (2003, with Mathew Manning and Patti Flynn). He is currently writing *Race* (forthcoming, Routledge).

Glenn Jordan wuxuu dhigaa Waxbarashada Dhaqanka kana dhigaa Jaamacada Glamorgan ee Koonfurta Welishka , waana Agaasimaha Rugta Taariikhda iyo Farshaxanka Butetown ee Kaardhif. Wuxuu ku dhashay kuna koray California, wuxuu wax ka bartey Jaamacada Stanford iyo Illinois. Buugaagtuu qoray waxa ka mida: *Cultural Politics: Class, Gender, Race and the Postmodern World* (1995, with Chris Weedon); *Tramp Steamers, Seamen & Sailor Town: Jack Sullivan's Paintings of Old Cardiff Docklands* (2002); iyo *Fractured Horizon: A Landscape of Memory / Gorwel Briwedig: Tirlun Atgof* (2003, with Mathew Manning and Patti Flynn). Wuxuu imika qorayaa *Race* (forthcoming, Routledge).

Glenn Jordan & Abdi Nuur, Butetown Community Centre, 1989
Glenn Jordan iyo Cabdi Nuur Xarunta Butetown ee Bulshadda, 1989

Abdi Arwo was born and grew up in Hargeisa, the capital of Somaliland. He attended schools in Hargeisa, Mogadishu and in Cairo. He came to Britain in 1986 to attend the Schiller International University in London, an American private university. In 1988, when the civil war broke out, his family could no longer support him and he left his studies and applied for refugee status. After a gap of one year, he went back to university and attended the University of Wales, St David's College, in Lampeter. He graduated in 1992 with a joint honours degree in Information Technology and Islamic Studies. He also has a City and Guilds certificate for teaching adults. Abdi now works in the Somali Advice and Information Centre as a training co-ordinator and for Butetown History and Arts Centre as a researcher and outreach worker. He also is on the management committee of Black Voluntary Sector Wales where he is currently the secretary.

Cabdi Carwo wuxuu ku dhashay kuna koray magaalo madaxda wadanka Somaliland Hargeysa. Cabdi wuxuu wax ku bartay Hargaysa, Muqdisho iyo Qaahira. Wuxuu wadankan yimid sanadkii 1986 si uu u galo Jaamacad. Wuxuu galay Jaamacada la odhan jiray Shiller International Univercity oo ku taalay magaalada London, taas oo ahayd Jaamacad khaasa oo Maraykanku lahaa. Reerkiisa ayaa waxbarashada ka bixin jiray. Markuu dagaalkii bilaamay sanadkii 1988 , reerkii kamay bixin karayn waxbarashadiisa sidaa darteed ayuu isku dhiibay. Muddo sanadda markay waxbarashadii ka joogsatay ayuu Jaamacadii dib ugu laabtay oo uu galay Jaamacada Welishka, Kuliyada St David's ku taalay magaalada Lampeter, kana qalin jabiyey sanadkii 1992 isagoo bartey Cilmiga Tiknolojiga Kumbuyuutarka iyo Islaamka. Wuxuu kaloo haystaa shahaadada macalinimada waxbarashada dadka waaweyn oo uu ka qaatay maxadka City iyo Guilds. Cabdi wuxuu imika ka sheqeeyaa Xafiiska Talo bixinta ee Soomaalida ee Kaardhif oo uu ka yahay xidhiidhiyaha tababarada iyo Rugta Taariikhda iyo Farshahanka ee Butetown oo uu ka yahay cilmi baaadhe iyo la xidhiidhka bulshadda. Wuxuu kaloo ku jiraa gudida maamulka ee hayada Xidhiidhisa Hayadaha Samafalka Modowga ee Welishka oo uu imika ka yahay xoghaye.

Ismail Adan Mirreh was born in Buroa, Somaliland. He moved to Aden in 1964, where he attended high school. On his return to Somalia in 1968, he gained a higher diploma in animal science and studied for a BSc in animal husbandry at the Somali National University. From 1970 to 1980, he worked for the Ministry of Livestock in Somalia. He was also regional co-ordinator of the campaign for the eradication of illiteracy in Somalia, mostly in rural areas. From 1985 to 1987, he worked in the British Embassy in Mogadishu.

He moved to the UK in 1989 and worked for Tower Hamlet Education Department in London. Between 1996 and 1998, he worked for the Somali Advice & Information Centre in Cardiff as a welfare rights officer. He is currently a freelance Somali Expert for various law firms through out the UK.

Ismaaciil Aadam Mire wuxuu ku dhashay magaalada Burco. Halkaa oo u guuray Cadan sanadkii 1964 oo uu galay dugsi sare. Sonoqodkiisii wadanka sanadkii 1968 , wuxuu qaatay dibloomda sare ee sayniska xoolaha iyo Shahaaddada Jaamacada ee Sayniska ee Xanaanada Xoolaha, kana qalin jebiyey Jaamacada Soomaaliya. Laga bilaabo sanadkii 1970 ilaa 1980 wuxuu ka shaqeeyey Wasaaradda Xoolaha ee Soomaaliya . Wuxuu kaloo ahaa Iskuduwaha Ololaha Waxbarashada Reermiyiga. Laga bilaabo sanadkii 1985 ilaa 1987 wuxuu ka soo sheqeeyey Safaarada Biritshka ee Muqdisho.

Wuxuu Boqortooyadda Midoowdey yimid sanadkii 1989, wuxuuna ka soo sheqeeyey Haayada Waxbarashadda ee xaafada Tower Hamlets London. Laga bilaabo sanadkii 1996 ilaa 1998 wuxuu u shaqeeyey Xafiiska Talobixinta Soomaalida ee Kaardhif. Imika wuxuu yahay shaqesyte madaxbanaan oo khibrad u leh Qabaa'ilka Soomaalida, oo uu la shaqeeyo shirkado sharciyeed oo kala duwan gebi ahaan Boqortooyada Midoowday.

Abdirizak Akli Ahmed was born in Hargeisa. After finishing his higher education, he joined the Somali Army where he reached the rank of Major. Akli attended courses in the former USSR while he was in the army. Akli speaks and writes in various languages including Russian, Arabic, English and Somali. He has translated many books into Somali from Arabic. From 2001-2, he worked in the Butetown History & Art Centre as a researcher and also with the National Health Trust for Wales. He established Support Somaliland, a charity that links Somaliland with the UK. He is currently in Somaliland, where he is establishing a local non-governmental organisation that collects population statistics.

Caqli Axmed. Cabdirisaaq Caqli Axmed wuxuu ku dhashay magaalada Hargeysa ee Somaliland. Markuu dhameystey tacliintiisii sare, wuxuu ku biiray ciidamada qalabka sida ee Soomaaliya oo uu ka gaadhay Gashaanle, Caqli wuxuu qaatay koorasyo uu ka qaatay wadankii hore loo odhan jiray USSR, markuu ciidamadda kujiray. Caqli wuxuu kuhadli jiray uuna qorijiray luqadda badan oo ay kamidyihiin Raashiyaan, Carabig, Ingiriis, iyo Soomaali. Wuxuu turjumay buugaagg badan oo Carabiya oo uu ku turjumay Soomaali Sannadaddii 2001-2, wuxuu kashaqeeyay Rugta Butetowne ee taariikhdda iyo farshaxanka isagoo ahaa cilmibaadhe, wuxuu kaloo kasoo shaqeeyay Haayadda Caafimaadka ee Welishka. Wuxuu aasaasay haayadda Support Somaliland taas oo xidhiidhisa Somaliland iyo Boqortooyada Midoowdey. Imika wuxuu joogaa Somaliland taas oo ka'asaasay haayadd ururisa tirikoobka dadka.